MW01225241

Acheté à la librarie de Chambéry
Juin 2014
J'avais envie d'apprendre le plus
français possible avant mon départ

PETIT DICTIONNAIRE INSOLITE DES MOTS DE LA FRANCOPHONIE

Loïc Depecker

LAROUSSE

21, RUE DU MONTPARNASSE 75283 PARIS CEDEX 06

Direction de la publication : Carine Girac-Marinier
Direction éditoriale : Jacques Florent
Édition : Laurent Girerd
Direction artistique : Ulrike Meindl
Réalisation : Typo-Virgule, Sophie Rivoire
Iconographie : Valérie Perrin
Informatique éditoriale et composition : Ivo Kulev, Philippe Cazabet
Lecture-correction : Tristan Grellet
Fabrication : Marlène Delbeken

ISBN : 978-2-03-589466-3

Sommaire

Abréviations utilisées dans l'ouvrage : adj. : adjectif ; adv. :
adverbe ; f. : féminin ; interj. : interjection ; loc. : locution ;
m. : masculin ; n. : nom ; pl. : pluriel ; v. : verbe.

Introduction

Ce dictionnaire est un florilège. Il recueille mots et expressions du français parlé hors de l'Hexagone. On s'y promènera aussi bien en Belgique, en Suisse, au Canada, aux Antilles que dans les pays d'Afrique ou de l'océan Indien.

Nous nous sommes attaché à recueillir, dans ces pays, les mots courants, comme *traversier* (ferry-boat, Canada), *guindaille* (fête joyeuse, Belgique), *cuissettes* (culotte courte, Suisse). Voire *sapeur* (Afrique de l'Ouest) : personne tirée à quatre épingles, qui de ce fait appartient à la *SAPE* (Société des ambianceurs et des personnes élégantes).

On notera çà et là des mots utiles, parce qu'ils couvrent un manque. Ainsi de *primature* (fonction et services du Premier ministre). D'autres mots donnent soudain corps à certains faits de la vie quotidienne. Comme *aplatventrisme* (fait de se mettre à plat ventre devant ses supérieurs) ; ou *situationniste*, personne habile à profiter de toute situation.

L'ouvrage intègre aussi des mots essentiels, qui expriment fortement certaines réalités. Ainsi de l'*arbre à palabres* ou de l'*alphabétiseur*, éléments essentiels des cultures africaines.

On verra cependant que l'un des choix qui ont guidé la constitution de ce recueil est celui du charme, de la surprise et de l'humour. Ainsi de la *mama Benz*, riche marchande circulant généralement en Mercedes

(Afrique de l'Ouest). Ou du *démarreur sexuel*, qui aide à la performance amoureuse.

Chacun y va de son esprit, de son génie, de ses marottes. On remarquera, pour la Belgique, l'abondance des mots de l'école. Pour le Canada, la richesse des mots de la conversation (les francophones de là-bas sont peu taciturnes et souvent « verbomoteurs »). Pour la Suisse, les mots de la propreté. Et, pour l'Afrique, la truculence des mots de la fête et de l'amour. Ah ! le *vibreur* (fêtard) qui attend avec impatience les slows et leurs *jeux de lumières* !

On observera ici et là les grandes tendances de la langue parlée hors de l'Hexagone. Ainsi de l'inventivité des Canadiens, surtout des Québécois, pour rendre en français les mots et expressions de l'anglais. Ou, en Afrique, de l'exubérance à créer des verbes en -*er* sur des noms : *amourer, cadeauter, antivoler, couteauner*, voire *torcher* (éclairer de sa lampe torche).

Ces richesses de la langue française parlée hors de France participent de l'histoire de la langue. Héritage vivant, la vieille langue classique se retrouve dispersée de par le monde. Mais la nouvelle langue se construit aussi hors de France. Sans doute serions-nous avisés d'y puiser largement. Il est méconnu que certains termes aujourd'hui usuels ont pris naissance ailleurs, tel *voyagiste*. Ce terme, créé en 1979 au Québec, en remplacement de *tour operator*, fut officialisé en France en 1982.

Le présent ouvrage puise dans le trésor de ce que nous appelions, en 1988, « francophonismes » (*Les Mots de la francophonie*, Belin, 1988). *Francophonismes*, à savoir mots ou expressions du français parlé hors de France. Les inventaires se sont, depuis, multipliés, offrant une vue d'ensemble des richesses du français hors de l'Hexagone. Nos remerciements vont tout particulièrement aux chercheurs qui ont contribué à ces travaux.

Ce livre est à lire de façon enjouée, comme une introduction au monde francophone, un *ziboulateur* à la main. Bonne *ziboulation* !

Loïc Depecker

absenter, v. (Afrique de l'Ouest). Ne pas trouver la personne qu'on vient voir.

Absenter peut se dire pour la cause de l'absence : « La fatigue l'a absenté. » Ou bien pour le résultat : « Elle n'est jamais chez elle ; à chaque fois, je l'absente ! »

amarrer, v. (Amérique du Nord, Antilles). Attacher.

Comme on le fait d'une amarre, on *amarre* les lacets de ses souliers.

article quinze, n.m. (Congo, Rwanda). Principe selon lequel on s'en remet à soi-même pour se tirer d'affaire.

L'*article quinze* est tiré d'un ancien texte de loi, dont l'application revenait à faire ce que bon vous semble. C'est vrai qu'il faut savoir dans certains cas *appliquer l'article quinze*, à savoir *démerder* !

baisser les pieds, loc. (Sénégal). Se décourager.

C'est ce qui s'appelle baisser les bras !

couteauner, v. (Tchad). Donner un coup de couteau.

Couteauner est répandu en Afrique, même si l'on entend aussi des formes comme *coutoyer* (Centrafrique). « L'autre l'a menacé, il l'*a couteauné*. »

d'arrache-poil, loc. (Canada). D'arrache-pied.

On travaille à s'en arracher les poils, tellement c'est dur !

démerder, v. (Afrique de l'Ouest). Se débrouiller.

Démerder et *démerdage* n'appartiennent pas, en Afrique,

à la langue familère. Pour vivre, il faut bien *démerder* !

doigter, v. (Côte d'Ivoire, Niger, Sénégal). Indiquer, désigner du doigt.

Il m'*a doigté* par là !

s'enfarger dans les fleurs du tapis, loc. (Canada). S'emmêler les pinceaux.

S'enfarger renvoie aux *fers* que l'on met aux pieds des animaux. On peut de là *s'enfarger dans le tapis, dans les fleurs du tapis*, voire, plus maladroitement encore, *dans un brin d'herbe* !

faire patate, loc. (Canada). Rater son coup.

Qu'est-ce qui t'arrive, t'as encore *fait patate* ?

haut les mains, loc. (Sénégal). Facilement.

Non pas d'une main, mais des deux ! Il l'a tiré d'affaire *haut les mains*.

lâcher la patate, loc. (Louisiane). Se décourager, relâcher son effort.

L'expression s'utilise surtout à la forme négative. *Lâchez pas la patate*, j'arrive !

manquer le bateau, loc. (Canada). Rater une occasion.

On peut rater le coche, mais aussi, sous l'influence de l'anglais, *manquer le bateau (to miss the boat)*.

poser un acte, loc. (Canada). Dire ou faire une chose significative, importante.

Quand on a la *patate chaude* entre les mains, il faut bouger et savoir *poser un acte* !

salonner, v. (Antilles).
Se prélasser au salon.

Viens faire la vaisselle au lieu de *salonner* devant la télé !

savoir, v. (Belgique).
Pouvoir.

Sous l'influence des langues germaniques, *savoir* se dit souvent pour *pouvoir* en Belgique. « J'*saurais* pas vous dire ce qu'il a dit sur le Roi, mais j'objecte ! »

siffler dans la nuit, loc. (Canada). Perdre sa peine.

Siffler ne fait pas grand-chose à l'affaire, mais ça réconforte.

tenir son boute, loc. (Louisiane). Tenir bon.

Boute se dit pour *cordage*. Ne pas *lâcher son boute*, de peur de laisser filer les voiles !

torcher, v. (Afrique).
Éclairer avec une lampe de poche.

C'est à partir des verbes que les noms se forment généralement en français. Sauf en Afrique, où ce mode de formation est exubérant. « *Torche* un peu, qu'on y voie clair ! »

vigiler, v. (Congo).
Surveiller, monter la garde.

La vigilance requiert qu'on *vigile* : « Vigile un peu ma *valise diplomatique*, le temps que j'aille *cabiner* ! »

zidaner, v. (Rwanda).
Donner un coup de tête.

Zidane a un bon jeu de tête, surtout en attaque !

bourgmestre, n.
(Belgique). Maire.

Le bourgmestre est
le « maître des bourgeois »,
ce que dit l'allemand
Bürgermeister. C'est aussi,
dans certains pays d'Afrique,
le surnom du « *phaco* »
(le phacochère), l'animal
ayant la réputation d'être
bien portant.

Le Député

canton, n.m. **(Suisse).**
État constituant la Suisse.

Simple entité de recensement
en France, le canton est
en Suisse une fière
république.

comté, n.m.
**(Canada). Division
administrative.**

Circonscription électorale
ou entité de recensement,
le *comté* renvoie au *county*
anglais, de sens
plus large.

conseil communal,
n.m. **(Belgique). Conseil
municipal.**

La commune était au Moyen
Âge le corps des bourgeois
qui avaient reçu le droit
de se gouverner
eux-mêmes.

**conseiller, -ère
fédéral, -e**, n.
(Suisse). Ministre
de la Confédération suisse.

En Suisse, un *ministre*
est essentiellement ministre
du culte.

cul vert, n.m. (Sénégal).
Véhicule diplomatique.

La plaque d'immatriculation
est de couleur verte.

démarcheur, n.m. (Congo,
Côte d'Ivoire, Sénégal).
Personne qui fait des
démarches administratives
pour le compte d'autrui.

Le démarcheur se charge
de tout. Même, parfois,
de vous trouver une âme
sœur !

échevin, n.m. (Belgique).
Adjoint au maire.

Vieux mot du Moyen Âge,
échevin a l'avantage
de donner *échevinage*
(« mandat d'adjoint »)
et *échevinat* (« service
des adjoints au maire »).

farde, n.f. (Belgique).
Pochette destinée à classer
un dossier.

La *farde*, que nous
connaissons dans *fardeau*,
peut être parfois bien lourde
à porter…

fonctionner, v. (Bénin,
Togo). Être fonctionnaire.

« Quel est votre métier ?
– Je *fonctionne*. »

gouvernance, n.f.
(Sénégal). Services
administratifs ou siège
d'une région.

Gouvernance était jadis
utilisé en concurrence avec

gouvernement. Courant
à l'époque coloniale,
il continue de s'employer,
dit le dictionnaire, grâce
à « l'action philologique
et politique du président
Senghor ».

mayeur, n.m. (Belgique).
Maire.

Mayeur, équivalent roman
de *bourgmestre,* donne
mayorat, le mandat
de bourgmestre.

primatoral, -e, adj.
(Sénégal). Qui se rapporte
à la fonction de Premier
ministre.

Ah ! enfin un discours
primatoral !

primature, n.f. (Cameroun,
Sénégal). Services
du Premier ministre.

Primature désigne à la fois
la fonction de Premier
ministre, son mandat,
son bureau et ses services :
le tout dans un seul mot !

repourvue, n.f. (Suisse).
Fait de pourvoir de nouveau
un poste.

Pourvoir de nouveau entraîne
repourvoir, qui entraîne
à son tour *repourvue.*

servir, v. (Afrique de
l'Ouest). Occuper un poste,
le plus souvent dans
l'Administration.

Il peut y avoir de la grandeur
à servir.

sous-ministre, n.
(Canada). Équivalent
de directeur de cabinet.

Encore une petite marche
pour devenir ministre.

stratif, adj. ou n. **(Bénin, Togo)**. Fonctionnaire.

Au *stratif* (réduction d'*administratif*) s'oppose le *privé*, employé d'une entreprise privée. « Sur cette affaire, ne soyons pas trop *stratifs* ! »

subside, n.m. **(Belgique)**. Subvention.

Sans subvention, pas de *subside*. Pourvu qu'on nous *subsidie* cette année !

tablette, n.f. **(Canada)**. Poste de tout repos, où l'on ne vous demande rien ou pas grand-chose.

La *tablette*, souvent résultat d'une éviction, peut se révéler une sinécure rêvée.

ventre administratif, n.m. **(Cameroun, Centrafrique)**. Ventre arrondi ou bien rond.

L'administratif se reconnaît souvent à son ventre.

votation, n.f. **(Suisse)**. Vote, scrutin.

À l'origine vote d'initiative populaire ou référendum, *votation* se dit en Suisse pour toutes sortes de votes.

zoreillerie, n.f. **(Nouvelle-Calédonie)**. Métropole.

Le *zoreille*, ressortissant de la métropole, est l'habitant de la *zoreillerie*.

Les affaires

affairé, n.m. ou adj. (Congo). Négociant plus ou moins honnête.

Les affaires prennent du temps, ce qui peut excuser d'être affairé. Mais de l'*affairé* à l'affairiste, il n'y a qu'un pas.

avocat, n.m. (Congo). Pot-de-vin.

Un *avocat* et l'affaire se règle comme par enchantement.

bénéficier, v. (Afrique de l'Ouest et du Centre). Faire des bénéfices.

Pris au pied de la lettre, *bénéficier* c'est bien faire des bénéfices.

bière, n.f. (Cameroun, Congo). Pot-de-vin.

Un pot de bière contre un pot de vin, d'accord ?

biznesseur, n.m. (Côte d'Ivoire). Personne qui fait des affaires douteuses.

Le *biznesseur* est comme l'*affairé*, il en fait trop.

bouffer, v. (Centrafrique, Congo). Tirer profit d'une situation, d'un poste particulier.

Une fois dans le fromage, il est tentant de *bouffer*.

champagné, n.m. (Congo). Personne d'influence, aux nombreuses relations.

Pas de bonnes affaires sans champagne.

chic, **chèque**, **choc**, adj. ou n.m. (Congo). Homme riche.

Il est chic, il fait des chèques et il absorbe les chocs.

cocagner, v. (Antilles).
Vivre aux crochets d'autrui.

Cocagne est ce pays
imaginaire où tout abonde.
Et qui peut avoir une réalité,
si l'on sait se débrouiller.

cochon payant, n.m.
(Congo). Vache à lait.

Il y a les profiteurs et il y a
les autres, les *cochons payants*.

conjoncture, n.f. (Côte
d'Ivoire). Crise économique.

Toute crise économique est
due à la conjoncture, ça va
de soi. Si vous êtes victime
de la conjoncture, vous voilà
conjoncturé.

détourneur, n.m.
(Cameroun, Centrafrique).
Personne qui détourne
des fonds.

Il manquait à *détourner*
son substantif.

**se faire passer
un sapin**, loc. (Canada).
Se faire rouler.

C'est bien le comble, au pays
des sapins, de *se faire passer
un sapin*, voire une *épinette*
(espèce de sapin) !

graisser, v. (Afrique
de l'Ouest). Mettre de l'huile
dans les relations sociales,
corrompre.

Nous disons *graisser la patte*,
ce qui se dit aussi au Niger
graisser la bouche.

hisser-pousser, n.m.
(Maurice). Négociation,
marchandage.

Va qu'je te hisse à la hausse,
va qu'je te pousse à la baisse,
et on finit par s'entendre.

mangeur, n.m. (Cameroun).
Personne qui détourne
de l'argent.

Le *mangeur* nous mange la laine sur le dos.

mouiller, v. (Afrique de l'Ouest). Acheter, corrompre.

Il est tentant de *mouiller*, ou de *mouiller la barbe*.

pardonner, v. (Bénin, Côte d'Ivoire, Sénégal, Togo). Libérer quelqu'un d'une obligation ou d'une dette.

Il faut parfois remettre les compteurs à zéro pour que les affaires reprennent.

pétrolier, n.m. (Congo). Personne enrichie grâce à l'argent du pétrole.

On peut s'enrichir de beaucoup de négoces, surtout du pétrole.

sac de ciment, n.m. (Congo). Pot-de-vin.

De quoi alourdir un peu votre volonté de parler.

septante, adj. (Belgique, Suisse). Équivalent de soixante-dix.

Soixante-dix, *quatre-vingts* et *quatre-vingt-dix* font bien compliqués face à *septante*, *octante* et *nonante*. Forme de numération adoptée en France par certains opérateurs financiers pour être sûrs de ne pas se tromper lors des négociations.

tais-toi, n.m. (Congo). Gros billet de banque.

Voilà de quoi te clouer le bec.

traiteur, n.m. (Congo). Négociant, à l'occasion trafiquant.

Le *traiteur* traite, c'est-à-dire qu'il trafique des marchandises diverses.

Les âges de la vie

âge cochon, n.m. (Maurice). Adolescence.

L'adolescence est un âge où l'on fait souvent sa tête de cochon.

âge d'or, n.m. (Canada). Personnes âgées.

L'*âge d'or*, n'est-ce pas plus beau que le troisième, voire le quatrième âge ?

faire de l'âge, loc. (Sénégal). Vieillir.

À force de *faire de l'âge*, on se fait vieux !

longtemps, n.m. (Cameroun). Femme âgée qui essaie de se rajeunir.

Ça fait longtemps qu'elle a fait son temps !

vieillot, n.m. (Val d'Aoste). Vieillard.

Vieillot est plus gentil et joli que *vieux* ou *petit vieux*.

vieux capable, n.m. (Cameroun). Homme d'un certain âge, toujours allègre.

On peut être vieux tout en restant capable, en amour par exemple !

vieux jeune homme, n.m. (Belgique). Homme d'un certain âge resté célibataire.

Le *vieux jeune homme* a son double féminin : la *vieille jeune fille*.

L'agriculture

amarreuse, n.f. (Antilles). Ouvrière chargée de lier en bottes les cannes à sucre.

La langue des marins se retrouve dans l'*amarreuse*, qui attache les cannes. On la dit aussi *attacheuse*.

blé d'Inde, n.m. (Canada). Maïs.

Les découvreurs de l'Amérique crurent aborder aux Indes. D'où le nom de cette plante alors inconnue, dite « blé d'Inde ». Il en va de même pour la *dinde*, curieux volatile lui aussi ramené des Amériques.

bleuet, n.m. (Canada). Sorte de myrtille.

Délicieux en tout est le *bleuet*, cultivé dans des *bleuetières* et conditionné en *bleuetterie*.

cabrouet, n.m. (Antilles). Charrette.

Cabrouet est entre *charrette* et *brouette*, mot dont il dérive.

clos de riz, n.m. (Louisiane). Surface plantée de riz.

Ce qui est clos, délimité, voire fermé, est un clos. D'où ce *clos de riz*.

débrousser, v. (Afrique de l'Ouest). Défricher une terre.

S'il ne s'agissait que de débroussailler : il faut *débrousser* !

vacherie, n.f. (Louisiane). Ferme où l'on élève des bovins.

Vacherie se dit pour *cattle ranch*.

cadavre, n.m. **(Congo).**
Poulet sous Cellophane.

Certaines viandes ont
des allures de cadavres…

chique de gomme, n.f.
(Louisiane). Chewing-gum.

Chique de gomme semble faire
entendre le mâchouillement
du chewing-gum.

chiquelette, n.f.
(Belgique). Chewing-gum.

La marque de chewing-gum
Chiclets, a dû influencer
cette *chiquelette*. Mâcher
un chewing-gum
ne revient-il pas à mâcher
une petite chique ?

doigt de banane, n.m.
(République du Congo).
Banane seule.

Le régime de bananes
a des mains (plusieurs
bananes), pleines de doigts.

gomme à mâcher, n.f.
(Canada). Chewing-gum.

On trouve çà et là *chewing-
gum* traduit par *gomme
à mâcher*. « Jette ta gomme,
on va souper ! »

pilipilisé, -e, adj. **(Congo).**
Assaisonné au pili-pili.

Attention à la brûlure
du pili-pili (piment), qui met
la bouche en feu !

poulet bicyclette, n.m.
(Côte d'Ivoire). Poulet élevé
en plein air.

Les grammairiens se
déchirent sur cette bicyclette.
Poulet bicyclette, parce
qu'un poulet qui court
ressemble à un coureur
cycliste ? Ou parce qu'on
l'emporte au marché
à bicyclette ? En tout cas,
un *poulet bicyclette* est toujours
meilleur qu'un *cadavre* !

L'amour et l'acte sexuel

badigeonner, v. (Centrafrique). Faire l'amour à une femme.

L'amour peut se concevoir comme un exercice de peinture.

chercher la femme, loc. (Bénin, Centrafrique, Togo). Avoir des relations sexuelles, particulièrement avec une femme mariée.

La femme mariée a généralement le cœur à sa famille. Aussi faut-il la *chercher* assidûment pour la faire fléchir.

coucher une femme, loc. (Sénégal). Avoir des relations sexuelles avec une femme.

Coucher une femme fait un peu précipité. Vite, un *démarreur sexuel* !

crémer le gâteau, loc. (Canada). Faire l'amour à une femme.

L'amour a le goût des bonnes choses.

doser, v. (Cameroun). Faire l'amour à une femme.

Doser est un exercice de physique.

faire, v. (Mali). Faire l'amour.

L'absolu du *faire*, c'est faire l'amour.

faire le sport, loc. (Cameroun). Faire l'amour.

L'amour est un sport. La preuve : on dit aussi *faire les physiques*.

montrer son cinéma, loc. (Belgique). Exposer ses parties honteuses.

Le sexe est tabou et rarement désigné directement.
D'où ce *cinéma*.

nobscuriter, v. (Cameroun). Faire l'amour.

Ne pas trop courir après la beauté, car l'amour se passe souvent dans l'obscurité.
« J'ai *nobscurité* toute la nuit, j'en peux plus ! »

parcourir, v. (Centrafrique). Aller d'un amour à l'autre.

L'amour relève parfois du vagabondage, comme le dit parcourir. Au Tchad, *parcourir* se dira plus résolument dans le sens de « faire l'amour » : après avoir couru après la femme, on la *parcourt*.

pinailler, v. (Tchad). Faire l'amour à une femme.

Pinailler doit se prendre à la lettre, dans le sens, dit le dictionnaire, de « coïter de façon velléitaire et désordonnée ».

sortir pour affaires, loc. (Rwanda). Vaquer à ses affaires extraconjugales.

Monsieur ? Il est *sorti pour affaires*.

verser, v. (Côte d'Ivoire). Éjaculer.

« Ne hâte pas cet acte tendre… »

23

Amoureux et amis

amouré, -e, adj. (Mali).
Se dit d'une personne prise d'amour.

Pas *enamouré*, qui semble un peu tiède, mais *amouré*, prêt à se jeter aux pieds de l'être aimé.

amoureux, n.m. (Tchad).
Personne portée sur le sexe.

On peut être amoureux ardent au Tchad, au point de *monter* la femme et même de la *couiller*.

asso, n. (Mali). Ami des bons et des mauvais jours.

Asso vaut pour *associé* et s'entend çà et là en Afrique. C'est, au Mali, principalement l'ami, et non loin au Cameroun, le ou la petit(e) ami(e). Au marché, vous vous entendrez dire aussi « Asso ! Asso ! ».

blonde, n.f. (Canada).
Petite amie.

Venu des provinces de France, *blonde* se dit de la petite amie, même si elle est brune !

bordel, n.m. (Mali, Tchad).
Dragueur.

Le *bordel* court les jupons, souvent ceux des prostituées.

bordelle, n.f. (Afrique de l'Ouest). Prostituée.

De la maison à celle qui l'occupe, il n'y a qu'une marche d'escalier.

bureau, n.m. (Afrique de l'Ouest). Amante, maîtresse.

Le bureau est une bonne excuse : « Au revoir chérie, je vais au bureau. »

catiche, n.f. (Canada).
Homme porté sur les hommes.

Comme *catin*, *catiche* est un diminutif de *Catherine*. C'est un petit nom qu'on donnait naguère aux filles de la campagne.

chéri-coco, chérie-coco, n. (Sénégal, Niger). Petit(e) ami(e).

À force de s'entendre dire « Mon coco chéri », on devient le *chéri-coco* de sa belle !

chum, n.m. (Canada). Petit ami, amoureux.

À la *blonde* répond l'anglais *chum*. Il est bizarre que le petit ami ait, au Québec, un nom anglais !

courtiser, v. (Belgique). Fréquenter, sortir avec.

Courtiser, c'est littéralement « faire la cour ».

« On l'voit plus ces temps-ci, il *courtise* ! »

deuxième bureau, n.m. (Afrique de l'Ouest). Amante, maîtresse.

Si on ne vous trouve pas dans votre *bureau* principal, c'est que vous êtes dans votre *deuxième bureau*. Ou dans votre *troisième* ou *quatrième bureau*. Voire plus, si affinités !

effectif, n.m. (Cameroun). **Amoureux ou amant régulier.**

On tient le compte de ses amants comme on le fait d'une armée. Emprunté au parler militaire, un *effectif* est une prise dont on tient soigneusement la liste. « Où en es-tu de tes *effectifs* ? »

gazelle, n.f. (Maroc). **Jeune fille, petite amie.**

La *gazelle* a son correspondant : le *gazeau* !

gossette, n.f. (Sénégal). **Petite amie.**

Une *gossette* est une petite gosse. « Mignonne cette gossette ! »

pneu de secours, n.m. (Côte d'Ivoire, Niger). **Maîtresse intermittente.**

En cas de crevaison, vite, un *pneu de secours*, dit aussi *pneu de réserve*. « Me voici abandonné, j'ai plus qu'à sortir le pneu d'secours ! »

poussin, n.m. (Bénin, Togo). **Jeune homme chaperonné par une femme plus âgée que lui.**

Le *poussin*, dit parfois *petit poussin*, semble se promener comme avec sa mère poule. « Viens un peu là, mon *poussin*, que j't'embrasse. »

premier bureau, n.f. (Congo). **Épouse légitime.**

On peut se retrouver coincé entre son *premier bureau*, son *deuxième bureau* (son amante), voire son *troisième* ou *quatrième bureau*. « Tous mes *bureaux* m'accaparent ! »

refrain oublié, n.m. (Centrafrique). Femme délaissée par son homme.

On se rechante le refrain bien après, quitte à s'en mordre les doigts !

sous-marin, n.m. (Bénin). Amant d'une femme mariée.

Souvent en plongée périscopique, le *sous-marin* reste longtemps inaperçu.

sportif, n.m. (Cameroun). Homme porté sur le sexe.

Il faut être sportif pour *faire les physiques* (faire l'amour).

sucre saucé dans miel, n.m. (Antilles). Petit ami.

Il n'y a pas plus doux que ce bon *sucre saucé dans miel*.

titulaire, n. (Cameroun). Amoureux ou amoureuse en titre.

Je vous laisse, je vais retrouver ma *titulaire* !

tomboy, n. (Canada). Femme aux allures de garçon, qui aime les femmes.

Tomboy est emprunté à l'anglais, qui l'utilise pour « garçon manqué ».

tout-terrain, n.m. (Congo). Homme qui sort avec toutes sortes de femmes.

Le *tout-terrain* est prêt à arpenter toutes sortes de femmes.

zézère, n.m. (La Réunion). Petit ami, amoureux.

Zézère est comme une caresse : « Viens dans mes bras, mon *zézère* ! »

accordailles, n.f. pl.
(La Réunion). Fiançailles.

Accordailles désignait
à l'origine la réunion
où était signé le contrat
de mariage entre époux,
qui sanctionnait
les fiançailles.

accoté, -e, n. (Canada).
Petit(e) ami(e), concubin
ou concubine.

L'accoté est l'ami(e) de cœur
au côté duquel je vis,
sur qui je m'appuie, m'*accote*.
Je suis côte à côte avec lui,
loin de la terrible résonance
de *concubin*.

s'accoupler, v. (Louisiane).
Se mettre en couple
sans se marier.

On forme un couple, on
s'accouple.

acoquiner, v. (La Réunion).
Plaire à quelqu'un.

Elle m'*acoquine* bien, ta sœur !

agace-pissette, n.f.
(Canada). Allumeuse.

Pissette est un mot familier
pour désigner son outil
ou son tuyau (sa *bisoune*).
D'où l'*agace-pissette*,
équivalent imagé de la *call-girl*
(« une fille vous appelle… »).

s'amarrer, v. (Canada,
Louisiane). Se mettre
en couple.

On s'attache l'un à l'autre,
comme au fil d'une amarre.

ambassade, n.f. (Congo).
Lieu de rencontres galantes.

Les ambassades sont-elles
propices aux rencontres ?
Donnent-elles lieu

à des *embrassades*, mot qui
semble jouer à l'horizon
de cette idée de la diplomatie ?
Toujours est-il que, d'un lieu
à l'autre, *ambassade* se dit
aussi d'une maîtresse, voire
du sexe de la femme (dit aussi
pays-bas ou *Bas-Zaïre*).

ambassadeur, n.m. (Congo). Sexe de l'homme.

Qui entre habituellement
dans l'ambassade ?
L'*ambassadeur*.

s'amouracher, v. (Louisiane). Avoir une aventure.

Selon les époques et les lieux,
s'amouracher signifie
« s'éprendre d'une folle
passion » ou « faire un caprice
amoureux ». En Louisiane,
il a plutôt le sens un peu plat
de l'anglais *to have an affair*.

amourer, v. (Bénin, Sénégal, Togo). Faire l'amour, le plus souvent à une femme.

D'*amour* à *amourer* il n'y a
que l'épaisseur d'un slip.

démarrage, n.m. (Cameroun). Mise en érection.

Avant le *démarrage*, il ne
se passait rien. Et puis… !

désarmer, v. (Centrafrique, Congo). Prendre à quelqu'un sa ou son chéri(e).

La petite amie d'un rival
est une arme. La lui ravir
est le *désarmer*, le laissant
impuissant sur le carreau.

déserteur, -euse, n. (Congo). Personne qui découche ou déserte le domicile conjugal.

L'amour tient ici et là de la guerre, au point que l'abandon est une désertion.

détourner, v. (Congo).
Soutirer à un rival sa ou son chéri(e).

Ah ! qu'il est tentant de *détourner* la créature d'un rival !

se divorcer, v. (Belgique).
Divorcer.

On se rencontre, s'embrasse, s'aime, s'adore, se marie et… on *se divorce* !

donner l'avance, loc. (Rwanda).
Faire l'avance de son corps avant le mariage.

La dame qui s'offre avant le mariage *donne* ou *fait l'avance*.

douciner, v. (Antilles).
Caresser doucement.

Arrête de me *douciner* le ventre, j'en peux plus !

doudou, n.m. (Antilles).
Petit ami.

Ça va, mon doudou ?

embouteillage, n.m. (Centrafrique).
Fait de se retrouver à plusieurs prétendants devant une même femme.

Les embouteillages ne sont guère plaisants, et celui-là encore moins !

établir une ambassade, loc. (Centrafrique).
Contracter une liaison avec une femme.

Établir une ambassade est un gage d'amitié envers un peuple. Voire plus !

être de nuit, loc. (Bénin, Togo). **Fait pour une concubine de passer la nuit avec son mari.**

On est de service, mais pas toutes les nuits.

faire coup d'État, loc. (Mali). **Prendre la ou le chéri(e) de quelqu'un.**

L'amour relève souvent de la haute politique !

gagner une femme, loc. (Afrique de l'Ouest). **Prendre femme.**

On *gagne une femme*, puis *un ventre*, et enfin on *gagne petit* (un bébé) !

hanter, v. (Belgique). **Essayer de séduire une femme.**

Du côté de Liège, la cour amoureuse se présente comme un fantôme. « Il vient encore hanter ! »

mariage derrière la cuisine, n.m. (La Réunion). **Relations sexuelles secrètes.**

Il peut s'en passer des choses, derrière les fourneaux !

marieuse, n.f. (Maroc). **Femme chargée d'habiller, de parer la mariée et de veiller au bon déroulement de la cérémonie.**

La *marieuse* veille à tout !

tomber en amour, loc. (Canada). **Tomber amoureux.**

L'amour est un abîme où l'on tombe comme en trébuchant, ce que dit l'anglais *to fall in love*.

Les animaux

agace, n.f. (Belgique). Pie.

La pie *agace*, à force
de jacasser. Ce qui lui vaut
ce nom d'*agace*, qui s'entend
encore dans quelques régions
de France, et plus au nord
en Wallonie. Rien d'étonnant
alors à voir formé sur *agace*
notre verbe *agacer*
(XIVe siècle).

aronde, n.f. (Belgique).
Hirondelle de cheminée.

Plusieurs techniques
se sont approprié ce nom
de l'hirondelle de cheminée.
Outre la jolie Simca
des années 1960, l'*aronde*
se retrouve dans *queue
d'aronde*, ouvrage
de charpente qui évoque
la queue gracieuse
de l'hirondelle.

bête à feu, n.f. (Antilles).
Ver luisant.

La petite bête qui brille
dans la nuit, n'est-ce pas
une *bête à feu* ?

bête à patate, n.f.
(Canada). Insecte parasite
de la pomme de terre,
doryphore.

La vie est dure : il faut même
disputer sa patate à la *bébite
à patate* !

bête longue, n.f.
(Antilles). Serpent.

Le serpent est généralement
plus long que les autres bêtes.

blanchon, n.m. (Canada).
Bébé phoque.

Le *blanchon* est
mignonnement blanc.

bœuf à bosse, n.m.
(Afrique). Zébu.

Ce bœuf à belles cornes
traîne sa bosse çà et là.

bourgmestre, n.m. (Rwanda). Phacochère mâle de bonne taille.

Le *bourgmestre* est souvent de bonne taille et de bel embonpoint.

canard farouche, n.m. (Louisiane). Canard sauvage.

En Louisiane, ce qui est sauvage est souvent *farouche*, *canard* ou *fleur farouche*.

chameau, n.m. (Afrique). Chameau ou dromadaire.

Qu'il ait une ou deux bosses, c'est toujours un *chameau*.

couresse, n.f. (Antilles). Couleuvre des Antilles.

Elle court, elle court, la *couresse* !

géline, n.f. (Val d'Aoste). Poule.

Notre ancienne *géline* a survécu dans le Val d'Aoste,

sous l'influence de l'italien, continuateur du latin *gallina*.

ien-ien, n.m. (Antilles). Moucheron qui aime particulièrement les fruits en décomposition.

Ce petit rien est des plus énervants !

maringouin, n.m. (Canada). Moustique vorace.

Gare au *maringouin*, qui pique en emportant, parfois, la chair avec !

mouche à feu, n.f. (Canada). Ver luisant.

Voici une mouche à l'image de Prométhée, porteuse de feu !

niche à fourmis, n.f. (Antilles). Fourmilière.

L'habitat d'un animal se dit souvent *niche* aux Antilles.

niche à miel, n.f. (Antilles). Ruche.

La niche, ce n'est pas fait que pour les chiens !

ouananiche, n.f. (Canada). Saumon d'eau douce.

Ce mot d'origine amérindienne semble mimer le mouvement du poisson.

ouaouaron, n.m. (Louisiane). Grosse grenouille d'Amérique du Nord.

Cette grosse grenouille peut surprendre, qui semble dire « ouaoua ! ».

piac-piac, n.m. (Bénin, Togo). Espèce de pie, entièrement noire.

La pie africaine est généralement noire et fait « piac piac ».

suisse, n.m. (Canada). Écureuil d'Amérique du Nord, à pelage rayé sur sa longueur.

L'animal est habillé comme un garde suisse. Il est cependant moins flegmatique, comme le montre l'expression *être vite comme un suisse*.

tortue bon dieu, n.f. (La Réunion). Coccinelle.

Cette bête à bon Dieu ressemble à une petite tortue.

zozo, n.m. (Centrafrique). Rat de Gambie.

Qu'est-ce que c'est que tous ces *zozos* ?

L'argent

argent-braguette, n.m. (Antilles). Allocations familiales.

La braguette est le sésame des allocations familiales.

argent-z'enfants, n.m. (La Réunion). Allocations familiales.

L'*argent-z'enfants* est l'argent de nos œuvres.

avoir l'argent, loc. (Afrique de l'Ouest). Avoir de l'argent.

Si t'*as* pas *l'argent*, tu peux rien faire.

billeteur, n.m. (Centrafrique). Agent chargé par une administration de chercher de l'argent en banque et de le distribuer aux employés sans compte bancaire.

Le *billeteur* billette : il distribue des billets.

cachemaille, n.f. (Suisse). Tirelire.

Maille (latin *medius*, « qui est au milieu ») est un vieux mot pour désigner une pièce représentant la moitié d'une unité de compte. On retrouve le mot dans l'expression *avoir maille à partir avec quelqu'un* (littéralement « avoir à partager une moitié de pièce »). « Cachons nos mailles, de peur d'avoir à les diviser encore en deux ! »

caillasse, n.f. (Congo). Argent.

Que ce soit de simples pièces ou de gros billets, c'est toujours de la *caillasse*

L'argent

ou des *jetons*. Pour la grosse monnaie, ce sera plutôt un *tais-toi* !

capable, adj. ou n.m. (Côte d'Ivoire, Rwanda). Riche.
Si on est riche, on est *capable*, surtout d'offrir aux dames de somptueux cadeaux. Ainsi du *mari capable*, qui donne son nom à un pagne, ou du *vieux capable*, qui redouble de cadeaux.

chichard, adj. ou n.m. (Cameroun). Personne près de ses sous.
À force d'être chiche, on est *chichard*.
« T'es qu'un chichard ! »

coopérer, v. (Congo). Corrompre.
La coopération a parfois des airs de corruption.

couillonneur, n.m. (Maurice). Arnaqueur, escroc.
Au *couillonné* répond le *couillonneur*.

criseur, n.m. (Centrafrique). Personne touchée par la crise.
Le *criseur* est en crise.

déficitaire, adj. (Sénégal). Être à court d'argent.
J'peux pas payer, j'suis *déficitaire*.

démocratique, adj. (Congo). Se dit d'un produit peu coûteux.

En République démocratique du Congo, ce qui est peu cher est *démocratique*.

dispendieux, adj. (Canada). Se dit d'un produit jugé coûteux.

Ce qui est cher tend à être *dispendieux*. « Tabernacle, dieu qu'c'est *dispendieux* ! »

dringuelle, n.f. (Belgique). Pourboire, argent des étrennes.

Dringuelle est une des formes du flamand *drinkgeld* (« argent pour boire »). Dans le nord de la France, on reçoit *s'dringuée* pour le Nouvel An.

friqueur, n.m. (Cameroun). Homme qui entretient des femmes.

Il faut du fric pour attacher ses dames.

mange-mille, n.m. (Sénégal). Agent d'autorité qui se laisse volontiers soudoyer.

Ce *mange-mille* est surtout avide de billets de 1 000 francs CFA.

mère supérieure, n.f. (Centrafrique). Femme d'âge certain qui entretient un jeune homme.

Voilà une *mère supérieure* d'un genre bien particulier !

payer, v. (Afrique de l'Ouest). Acheter.

Acheter c'est, le plus souvent, *payer*.

reliquat, n.m. **(Burkina Faso)**. Monnaie due à un client.

Ne vous en allez pas, voici votre *reliquat* !

serre-la-piasse, n.m. **(Canada)**. Avare.

Au Québec, *piasse* se dit pour *piastre*, à savoir le dollar canadien. *Piasse* accompagne les variations de l'avare, telles que *serre-la-piasse*, *baise-la-piasse*, *suce-la-piasse*, *liche-la-piasse* (lèche-la-piasse)…

sympathiser, v. **(Sénégal)**. Participer financièrement à une fête.

Pour participer, il faut *sympathiser*.

L'autorité

amender, v. (Afrique de l'Ouest). Mettre une amende à quelqu'un.

On se fait *amender* pour un oui, pour un non !

antivoler, v. (Centrafrique). Fermer avec un antivol.

Comme *vol* fait *voler*, *antivol* fait *antivoler*.

aplatventrisme, n.m. (Algérie). Action de ramper devant ses supérieurs.

L'adepte de l'*aplatventrisme* reçoit le nom d'*aplatventriste*.

commandeur, n.m. (La Réunion). Chef, personne qui commande.

À La Réunion, *chef* se dit souvent *commandeur*, qu'il soit contremaître ou chef d'orchestre.

déguerpisseur, n.m. (Sénégal). Personne chargée de pratiquer des expulsions de propriété ou de domicile.

Le *déguerpisseur* procède aux *déguerpissements*.

faire le deux-doigts, loc. (Côte d'Ivoire, Mali, Sénégal). Pratiquer le vol à la tire.

Je prends le portefeuille entre deux doigts et je me tire !

gentil car, n.m. (Cameroun). Fourgon cellulaire.

Par antiphrase, le panier à salade est dit *gentil car* au Cameroun, ou *sans payer*.

géreur, n.m. (Antilles). Contremaître d'une exploitation.

Gérer fait naturellement *géreur*.

loi, n.f. (Mali). Forces de l'ordre, police.

Sauve qui peut, la *loi* arrive !

voyoucratie, n.f. (Burkina Faso, Niger, Tchad). Action de vivre dans la délinquance.

Les voyous forment la *voyoucratie*.

La beauté

afro, n.m. (Afrique).
Coiffure de type africain
formant une épaisse touffe
autour de la tête.

À se faire soi-même ou chez
le coiffeur, en suivant l'avis
de ce coiffeur ivoirien :
« Dieu vient en aide » ou bien
celui-ci : « Spécialiste
des modes. Coiffeur…
Dieu le fera » !

anti-soleil, n.m. pl.
(Centrafrique, Congo).
Lunettes de soleil.

On n'est pas contre
le soleil, mais on aimerait
bien y voir !

calvitien, n.m. (Cameroun).
Personne qui a une calvitie.

La calvitie vous transforme
la tête en une sorte de planète
ronde.

faire la beauté, loc.
(Mali). Se faire une beauté.

Attends-moi un peu,
que je *fasse la beauté* !

faire ses cheveux, loc.
(Madagascar). Se coiffer.

Tâche délicate que de *faire
ses cheveux* !

se mirer, v. (Mali, Sénégal).
Se regarder dans le miroir.

Ah ! celle-là, toujours
à *se mirer* !

pikafro, n.m. (Afrique).
Peigne africain.

Un coup de *pikafro*, et
nous revoilà belle !

rouler, v. (Antilles).
Marcher en jouant
des hanches.

Regarde comme elle *roule* !

se toiletter, v. (Bénin, Togo). Faire sa toilette, se faire beau ou belle.

Alors, fini de *se toiletter* ? J'attends depuis des heures !

tresseuse, n.f. (Afrique). Spécialiste des tresses.

Faire une tresse est un art, pour lequel la *tresseuse* vous fait asseoir sur un tabouret dans la rue, ou vous accueille dans son *salon de tresse*.

Besoins naturels et odeurs

aller à la commode, loc. (Antilles). Faire ses besoins naturels.

Après les commodités, on se sent soulagé.

aller à la cour, loc. (Belgique). Faire ses besoins naturels.

Les toilettes sont encore parfois dans la cour.

aller au bord, loc. (Côte d'Ivoire). Faire ses besoins dans la nature.

Attention, ne pas s'approcher trop près du bord !

aller au fleuve, loc. (Centrafrique). Faire ses besoins naturels dans la nature.

La chasse d'eau est naturelle, qu'on *aille au fleuve* ou *au marigot*.

aller aux besoins, loc. (Afrique de l'Ouest). Faire ses besoins naturels.

Ah ! quand y a besoin, y a besoin !

aller en brousse, loc. (Centrafrique, Sénégal). Faire ses besoins naturels dans la nature.

On n'a pas toujours de fleuve à proximité, alors on *va en brousse*.

arbre-caca, n.m. (Guyane). Variété d'arbre à l'odeur appuyée.

Cet arbre qui sent le caca *(Sterculia foetida)* se dit aussi *arbre à merde* à Mayotte.

bac-à-caca, n.m. (Antilles). Baquet à excréments.

Bac-à-caca se prononce
« bacacaca ».

bombarder, v. (Antilles).
Faire des pets.

Il a bombardé toute la nuit,
j'ai pas pu fermer l'œil !

cabiner, v. (Afrique
de l'Ouest). Faire ses besoins.

Attends-moi là, j'vais
cabiner.

caca-nez, n.m. (Antilles).
Crotte de nez.

Il y a le caca tout court,
et le *caca-nez*,
le *caca-zoreilles*,
etc.

cacatoire, n.f. (Antilles).
Latrines creusées à même
la terre.

Certains ont un boudoir,
d'autres une *cacatoire*.

camembérer, v.
(Sénégal). Sentir fortement
des pieds.

Camembérer, c'est sentir
le camembert avancé.

coulante, n.f. (Antilles).
Diarrhée.

La courante est aussi
coulante.

faire son cabinet, loc. (Mali, Tchad). Faire ses besoins.

Monsieur n'est pas disponible. Il *fait son cabinet*.

fouiller patate, loc. (Antilles). Mettre abondamment les doigts dans son nez.

On en tire parfois de grosses patates.

fourmi-cadavre, n.f. (Centrafrique). Grosse fourmi noire qui dégage une mauvaise odeur une fois écrasée.

Attention de ne pas marcher dessus !

soulever, v. (Antilles). Soulever le cœur.

Aïe, aïe, aïe ! Cette odeur me *soulève* le foie !

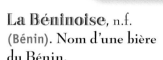

La boisson

La Béninoise, n.f. (Bénin). Nom d'une bière du Bénin.

Une *Béninoise* dans chaque main et la vie est belle !

breuvage, n.m. (Canada). Boisson.

Breuvage donne l'impression d'une potion magique ou d'une vieille soupe pour convalescent. Issu du vieux français, *breuvage* s'est conservé au Canada, aidé par la proximité de l'anglais *beverage*. « Et comme *breuvage*, ça s'ra quoi, mon doux monsieur ? »

carré, n.m. (Congo). Whisky de marque Johnnie Walker.

La bouteille est de forme carrée. « T'as du *carré* ? »

coquetel, n.m. (Canada). Cocktail.

Pourquoi la queue du coq *(cocktail)* ne s'écrirait-elle pas *coquetel* ?

décollage, n.m. (La Réunion). Boisson forte prise à jeun le matin.

Un p'tit rhum pour le *décollage* du matin !

koutoukou, n.m. (Burkina Faso, Côte d'Ivoire, Mali). Boisson alcoolisée à base de vin de palme.

Le *koutoukou*, ou *koutoukoutou*, semble vous roucouler le long de la gorge jusqu'à l'estomac.

liqueur, n.f. (Burkina Faso, Côte d'Ivoire). Boisson fortement alcoolisée.

Liqueur fait sucré, mais se dit d'alcools forts, comme le whisky ou le pastis.

marcheur, n.m. (Burkina Faso). Whisky.

Pourquoi un *marcheur* ? Parce que *Johnnie Walker* ! Un p'tit *marcheur* pour la route ?

monter dans la lune, loc. (Val d'Aoste). Être pompette.

Un p'tit tour dans la lune, le temps de prendre un peu de recul.

pintocher, v. (Suisse). Boire abondamment.

Pintocher est littéralement boire pinte sur pinte. Et qui *pintoche* est un *pintocheur*.

quatre fois cinq, n.m. (Sénégal). Vin de palme.

Quatre fois cinq font *vin(gt)*, évidemment !

rhum arrangé, n.m. (La Réunion). Rhum agrémenté de divers ingrédients.

Le rhum se marie avec beaucoup de bonnes choses : noyau de pêche, litchi, grains de café, vanille, cannelle, sirop de canne... Si on le préfère sans mélange, c'est un *Rhum Charrette*, nom du rhum le plus vendu.

sous-bock, n.m. (Belgique). Petit carton qu'on met sous la chope ou le verre de bière.

Un soir, l'âme de la bière chantait dans les *sous-bocks*...

La boisson

ti-punch, n.m. (Antilles).
Cocktail à base de rhum,
de sucre de canne
et de citron.

Le soleil des tropiques
ne s'entend bien qu'avec
un *ti-punch* et un *lélé*,
le bâtonnet qui permet
de mélanger le tout.

vin de glace, n.m.
(Canada). Vin dont
les raisins ont été vendangés
aux premières gelées.

Au Canada, même le vin
est transi de froid !

ziboulateur, n.m. (Afrique
centrale). Ouvre-bouteille.

Voici le *ziboulateur* enchanté,
dit aussi *décapsulateur* ou
ouvre-bière, qui fait chanter
la bière ! Bonne *ziboulation* !

La Bureautique

babillard, n.m. **(Canada)**.
Tableau d'affichage.

Le *babillard* est à l'origine
un tableau de petites
annonces. Avec le progrès,
ce *babillard* est devenu
un *babillard électronique*.
« Crisse ! Ça *babille*
sur l'réseau ! »

chiffrier, n.m. **(Canada)**.
Logiciel spécialisé
dans le maniement
des tableaux.

Ce que nous appelons
usuellement *tableur*, n'est-ce
pas un logiciel qui manie
des chiffres ?

clavardage, n.m. **(Canada)**.
Bavardage sur clavier.

Ne pas confondre le *chat*
avec l'animal à poil.
Emprunté à l'anglais,
chat est un bavardage
sur clavier, ce qu'exprime
le québécisme *clavardage*.
Après avoir opté en 1999
pour l'équivalent *causette*,
qui fait Grand siècle,
les Français ont choisi
dialogue en ligne (*Journal officiel*
du 5 avril 2006).

courriel, n.m. **(Canada)**.
Message électronique.

Apparu au Québec en 1992,
courriel est la fusion de *courrier*
et d'*électronique*. C'est
le terme distingué pour
traduire *e-mail message*,
autant dire le *mail* (*Journal
officiel* du 20 juin 2003).

pourriel, n.m. **(Canada)**.
Message indésirable.

Courant dans la presse
québécoise, le *pourriel*
est bien un *courriel* pourri :
un *spam* !

Campagne et ville

aller en ville, loc. **(Maurice)**. Aller à Port Louis.

L'île est petite, et *aller en ville* se dit presque toujours de Port Louis, la capitale.

banc-fainéant, n.m. **(Antilles)**. Banc public.

Ah ! qu'il est bon de paresser sur les bancs publics, bancs publics !

bidonvillageois, n.m. **(Maroc)**. Habitant d'un bidonville d'une petite localité.

Il n'y a pas que les villes qui peuvent avoir leur bidonville, les villages aussi.

bidonvillesque, adj. **(Algérie)**. Qui ressemble à un bidonville.

Trop de pauvreté et on se retrouve dans une situation *bidonvillesque*.

bidonvilliser, v. **(Cameroun)**. Changer en bidonville.

L'afflux de réfugiés *a bidonvillisé* les abords en un rien de temps.

bidonvillois, -e, n. **(Algérie, Burkina Faso)**. Habitant d'un bidonville.

L'habitant des bidonvilles n'avait pas de nom : c'est désormais un *bidonvillois*. Ce n'est pas un mot de théoricien, comme l'indique cette banderole déployée en 2005 à Ouagadougou : « Chasser les bidonvillois c'est tuer l'espoir des plus démunis ».

blédard, n.m. (Maroc). Habitant de la campagne.

Le blédard est l'habitant du *bled*. « T'as rien compris, t'es blédard toi ! »

broussard, -e, n. (Afrique). Habitant de la brousse.

Le broussard est l'habitant de la *brousse*. On dirait, chez nous, de la *cambrousse*, mot récent, qui a sans doute subi l'influence de *brousse*.

brousse, n.f. (Afrique). Campagne.

La capitale s'oppose souvent à la *brousse*, comme la ville à la campagne.

déguerpi, -e, n. (Côte d'Ivoire, Niger, Sénégal). Habitant chassé de sa terre ou de son logement.

Le *déguerpi* est une victime d'un *déguerpissement*, dit aussi *déguerpissage*.

taudisard, n.m. (Belgique). Habitant d'un taudis.

On ne choisit pas toujours sa maison.

Le caractère

avoir le coco dur, loc. (La Réunion). Avoir la tête dure.

Il n'y a pas plus dur qu'une noix de coco.

avoir une mémoire de poule, loc. (Mali). Avoir peu de mémoire.

Oiseaux et volatiles ont la réputation de ne pas avoir de mémoire.

babouner, v. (Canada). Bouder.

Babounes se dit surtout des lèvres. Et il est vrai que bouder c'est jouer de la *baboune* ! « Arrête de *babouner* et de faire ton *babouneux*, grosse bête ! »

bollé, -e, adj. (Canada). Se dit d'une personne brillante, intelligente.

Être bollé, c'est en avoir dans la *bolle* !

chanceux, -euse, adj. ou n. (Canada). Qui a de la chance.

Le *chanceux* a de la chance, comme le veinard de la veine.

coq-à-belle-pose, n.m. (Antilles). Orgueilleux qui se fait admirer.

Le voilà encore comme dans une basse-cour, à faire le *coq-à-belle-pose*.

écœurant, **-e**, adj. ou n.m. (Canada). Salaud.

Ah ! que c'est vexant d'être traité d'*écœurant*, voire de *gros écœurant* !

embrouilleur, **-euse**, n. (Rwanda). Personne qui aime semer la zizanie.

L'embrouilleur aime les embrouilles !

farcer, v. (Mali, Sénégal). Plaisanter.

On ne peut pas le prendre au sérieux, il est toujours en train de *farcer*.

fier pet, adj. ou n.m. (Canada). Vaniteux.

Celui-là a le pet fier, au point qu'on le dise aussi *fier comme un pet* !

frotte-manche, n. (Belgique). Solliciteur, flagorneur.

Se défier du *frotte-manche* ou *frotteu d'manche*, qui a toujours quelque chose à vous demander !

gros cœur, adj. et n. (La Réunion). Jaloux.

La jalousie, comme le malheur, rend le cœur gros.

licheux, **-euse**, adj. ou n. (Belgique). Solliciteur, flagorneur.

Licher est, dans le nord de la France, une variante de *lécher*.

ne pas être vite sur ses patins, loc. (Canada). Être lent.

Au pays du patin à glace, quelle injure !

Le caractère

niaiseux, -euse, adj. ou n.
(Canada). Niais, stupide.

Nous connaissons *niais*, mais
niaiseux a disparu chez nous.
« Arrête de *niaiser* et de faire
ta *niaiseuse* et viens manger
ta sandwich ! »

péteux, -euse, adj. et n.
(Belgique). Qui pète
plus haut que son cul.

Attention aux vents
de la gloriole !

**se prendre
pour un autre**, loc.
(Canada). Avoir
de grands airs.

Le voilà encore qui *se prend
pour un autre* et qui *s'regarde
passer* !

Les chaussures

babouche, n.f. **(Afrique)**.
Chaussure traditionnelle
ouverte, sans quartier
ni talon, le plus souvent
en cuir.

Marche pas sur ma babouche !

bottine, n.f. **(Canada)**.
Chaussure montante
ou chaussure en général.

Bottine se dit au Canada pour
toutes sortes de chaussures.
De qui est maladroit, on dira
qu'il a *les deux pieds
dans la même bottine*.

chaussure fermée, n.f.
(Afrique). Chaussure
de ville.

La chaussure fermée a tendance
à faire chic, au regard
des inusables nu-pieds.

claque, n.f. **(Canada)**.
Couvre-chaussure destiné
à protéger des intempéries.

La mode de couvrir
les chaussures est restée
au Canada, où *claques* et
couvre-chaussures ont toute
leur utilité par grande *sloche* !

en-attendant, n.m.
(Burkina Faso, Côte d'Ivoire).
Nu-pieds, le plus souvent
en plastique.

Des *en-attendant*, en attendant
de pouvoir se payer de vraies
chaussures.

sentimental, n.m. **(Mali)**.
Chaussure fermée en cuir
à bout pointu.

Voilà de quoi faire le joli
cœur : le sentimental quoi !

Les commerçants

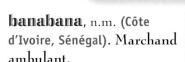

banabana, n.m. (Côte d'Ivoire, Sénégal). Marchand ambulant.

Le *banabana* est un négociateur-né, qui vous vendrait jusqu'à votre chemise. Au point que *banabana* a aussi le sens de « marchandage ». Subtile activité de colportage qui se dit également *banabanisme*.

bazardier, n.m. (Maurice, La Réunion). Commerçant du marché.

Comment appeler le marchand du marché ? *Marché* se disant souvent *bazar* dans l'océan Indien, y compris en créole, le voici *bazardier*.

bon payeur, n.m. (Cameroun). Amant qui récompense généreusement ses maîtresses.

Je ne me plains pas, c'est un *bon payeur* !

étalagiste, n. (Sénégal). Marchand qui expose ses produits à la vente sur la voie publique.

L'*étalagiste* fait étalage de ses produits, et souvent de son bagout !

mama Benz, n.f. (Afrique de l'Ouest). Riche marchande.

Pourquoi *mama* ou *nana Benz* ? À cause de la Mercedes dans laquelle elle roule ordinairement, symbole de réussite.

marchand-tablier, n.m. (Sénégal). Marchand qui propose ses produits à la vente sur la voie publique.

Ce marchand ne porte pas de tablier, mais expose ses produits sur une petite table ou sur le trottoir. On le dit aussi *marchand table* ou *tablier*.

soukier, n.m. (Afrique du Nord). Marchand d'un souk.

Qui a son magasin au *souk* est un *soukier*.

Les commerces

alocodrome, n.m. **(Côte d'Ivoire).** Endroit du marché où se concentrent les marchands de bananes frites.

L'*aloco* ou *aloko* est une espèce de banane plantain. Les marchands d'alocos se réunissant en un lieu nommé *alocodrome*, ne pas penser pour autant que l'*alocodrome* serait une sorte de champ de courses pour bananes.

boutique, n.f. **(Sénégal).** Petit commerce installé de façon précaire.

Même installée sommairement, la boutique fait commerce, tenue par le *boutiquier*.

boutique de sexe, n.f. **(Canada).** Sex-shop.

Ne pas se cacher derrière son cache-sexe ! Une boutique qui vend les accessoires du plaisir est bien une *boutique de sexe*, traduction littérale de *sex-shop*.

courir le marché, loc. **(Bénin, Togo).** Aller en quête d'aventures galantes.

C'est fou ce qu'il y a comme occasions au marché.

dépanneur, n.m. **(Canada)**.
Épicerie ouverte à des heures
souvent matinales
ou tardives.

Dépanneur est courant
au Canada pour désigner
l'épicerie providentielle
qui dépanne à des heures
inhabituelles. Le mot
a le mérite de faire échapper
aux expressions dépréciatives
aller chez l'Arabe ou *le Chinois
du coin*.

essencerie, n.f. **(Sénégal)**.
Station-service.

L'*essencerie* délivre de l'essence.
Mot aimé des académiciens,
qui l'ont fait entrer en 1992
dans la neuvième édition
de leur dictionnaire.

librairie-trottoir, n.f.
(Sénégal). Étal de livres et
de journaux posé sur le sol.

On lit et on achète à même
le trottoir.

magasiner, v. **(Canada)**.
Faire ses courses.

On ne fait pas du *shopping*
au Canada, mais on *magasine*
ou on *fait du magasinage*.

nettoyeur, n.m. **(Canada)**.
Magasin où l'on confie
son linge à nettoyer.

Ni teinturerie ni surtout
pressing, au Canada, mais
l'explicite *nettoyeur* !

tabagie, n.f. **(Canada)**.
Bureau de tabac.

Une *tabagie* n'est pas
seulement un espace enfumé.
On y va aussi, au Canada,
pour acheter son tabac
et ses cigarettes.

babiner, v. (Canada). Bavarder, discuter.

Parler, c'est faire marcher sa langue, mais aussi ses babines !

bajoleur, n.m. (Antilles). Raconteur d'histoires, vantard.

Le *bajoleur* est une sorte de bavard cajoleur...

battre le beurre, loc. (Belgique). Parler hors de propos.

Y en a qui parlent et qui font rien d'autre que *battre le beurre* !

bavasseux, **-euse**, adj. et n. (Canada). Qui aime parler, souvent à tort et à travers.

Quel *bavasseux*, toujours à baver sur les uns et sur les autres !

bêtiser, v. (Haïti). Dire des bêtises.

Arrête de *bêtiser*, grand dadais !

c'est l'fun, loc. (Canada). C'est chouette.

C'est ben chouette, *c'est quioute, c'est l'fun* ! Et *c'est pas pire* !

couranté, adj. (Cameroun). Informé.

Si t'es pas au courant, c'est qu't'es pas *couranté* !

décauser, v. (Belgique). Critiquer, dénigrer.

Tu causes, tu causes, au point que tu *décauses* !

envoyer de l'eau sans mouiller personne, loc. (Haïti). Critiquer à demi-mot.

Chacun se reconnaîtra
dans cet arrosage en règle !

éplucher les vieux légumes, loc. (Canada). Radoter.

On reprend les vieux légumes
et on se remet à les éplucher !

être derrière, loc. (Cameroun). Ne pas être informé.

À toujours être à la traîne
de la conversation, on se
retrouve derrière !

faire des ronds, loc. (Antilles). Tourner autour du pot.

Arrête de *faire des ronds*,
dis ce que t'as à dire !

gromologie, n.f. (Afrique centrale). Français pompeux et académique.

Parler en grands et gros mots,
c'est *faire de la gromologie*.
« Arrêtez vos leçons
de gromologie, dites
les choses simplement ! »

gros français, n.m. (Afrique). Français pompeux et académique.

Face au *gros* et au *long français*,
il vaut mieux parler maigre
et court !

jaser, v. (Canada). Parler, discuter.

Jaser imite à l'origine le cri
de l'oiseau. Et qui a coutume
de *jaser* ou de *piquer une jase*
a bien *de la jasette*.

lessiver, v. (Cameroun). Réprimander.

Il s'est fait lessiver
par la patronne ! On dira,
en Centrafrique, qu'elle l'a
bien *lavé*.

mémérer, v. (Canada).
Bavarder à la manière
d'une mémère.

Les vieilles dames sont
connues pour aimer parler.
D'où *mémérer, faire
du mémérage,* voire
faire du méméring !

menterie, n.f. (Antilles).
Mensonge.

Arrêtez, tout ça c'est
des *menteries* !

mettre en bouteille,
loc. (Belgique). Se moquer
de quelqu'un.

Nous *mettons en boîte,*
les Belges *mettent en bouteille.*

palabrer, v. (Afrique).
Discuter, généralement
des affaires
de la communauté.

Ah ! qu'il est bon de *palabrer*
sous l'*arbre à palabres* !

placoter, v. (Canada).
Bavarder.

Le bavardage est souvent
associé au bruit de l'eau.
Ainsi de *placoter,* inversion
de *clapoter.*

quequeuiller, v. (Suisse).
Parler en hésitant
ou en bégayant.

Quequeuiller, c'est dire que, que…

réciproquer, v.
(Belgique). Adresser vœux
ou compliments en retour.

Je vous *réciproque* mes vœux
bien sincères.

**sacrer comme
un bûcheron**, loc.
(Canada). Blasphémer à tout
bout de champ.

Arrête donc d'*sacrer comme un bûcheron*, tabernacle de taberlouche, de crisse et de sainte à paupière !

scandaleuse, n.f. (Niger). Femme prompte à faire scandale.

Ne parle pas à cette *scandaleuse*, tu vas te faire laver la tête !

songueur, n.m. (Cameroun). Colporteur de rumeurs.

Fait sur un mot lingala (langue bantoue), le *songueur* n'est pas un faiseur de chansons, mais de rumeurs.

taiseux, -euse, adj. et n. (Belgique). Qui ne parle pas volontiers.

Taisir est une forme ancienne de *taire*. D'où ce *taiseux*, resté dans l'histoire avec Guillaume le Taciturne, dit aussi Guillaume le Taiseux, à l'origine du soulèvement de la Hollande et de la Zélande contre l'Espagne en 1572.

télégueule, n.f. (Haïti). Mode de propagation des nouvelles de personne à personne.

Communication ancestrale, la *télégueule* se dit aussi *télébouche*.

Le corps

arriéro, n.m.
(Centrafrique). Postérieur,
le plus souvent d'une femme.

Arrière semble ici s'auréoler
d'un cri d'admiration.

bazooka, n.m. (Sénégal).
Sexe de l'homme.

Bazooka ne peut se dire
que d'un gros engin.

bouboune, n.f. (Antilles).
Fesse d'enfant bien
rebondie.

Viens essuyer tes *boubounes*.

cachalot, n.m. (Antilles).
Personne corpulente.

Ce n'est pas encore
une baleine, mais pas loin.

court, n.m. (Afrique
de l'Ouest). Homme de petite
taille.

À un *court* s'oppose un *long*,
ou un *longueur*.

digaule, n.m. (Bénin, Togo).
Homme grand et élancé.

De Gaulle était un grand
homme et un homme grand.

gosse, n.f. (Canada).
Testicule.

Un testicule sert
effectivement à faire
des gosses.

grassir, v. (Cameroun,
Centrafrique). Prendre
du poids, s'empâter.

Certains grossissent,
d'autres *grassissent* ;
d'autres les deux.

longueur, n.m.
(Centrafrique). Personne
de très grande taille.

64

C'est un *géant*, c'est un *long*, voire un *longueur* !

minçolet, -ette, adj. (Suisse). Se dit d'une personne très mince.

Plus mince que ça, tu peux pas !

noyau, n.m. (Cameroun). Testicule.

Attention de ne pas s'asseoir sur ses noyaux.

organes de base, n.m. pl. (Cameroun). Testicules.

C'est même la base de tout.

pamplemousse, n.m. (Mali, Niger). Femme de forte corpulence.

On peut être de forte corpulence, sans avoir trop de bourrelets. Mais le *pamplemousse* ne laisse aucune échappatoire !

ventre-madame, n.m. (Togo). Partie de l'abdomen où sont situés les organes sexuels de la femme.

Au *ventre-madame* s'oppose le *ventre-tout-le-monde*. Heureux les hommes !

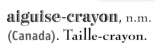

L'école

aiguise-crayon, n.m. (Canada). Taille-crayon.

Veux-tu mettre ton doigt dans mon *aiguisoir*, mon *aiguise-crayon*, bref mon *affile-crayon* ?

alphabète, n. (Afrique). Personne qui a appris à lire et à écrire.

L'alphabète est allé chez l'*alphabétiseur*, qui lui a appris à lire et à écrire. Au Sénégal, on dira aussi de l'*alphabète* que c'est un *démerdeur*.

attache-tout, n.m. (Rwanda). Trombone.

Un trombone attache tout.

bagage, n.m. (Sénégal). Affaires qu'on peut emporter facilement avec soi, fournitures d'école.

Mon ou mes *bagages*, ce sont toujours mes affaires d'école. « Faut que je revienne à l'école, j'ai oublié mon bagage ! »

bloque, n.f. (Belgique). Période de révision intense qui précède les examens.

La *bloque* est comme un blocus volontaire : que personne n'entre dans ma chambre, je suis en pleine *bloque* !

bloquer, v. (Belgique). Réviser intensément ses examens.

Il ne veut pas sortir, il *bloque* ! Espèce de *bloqueur*, va !

brosseur, n.m. (Belgique). Élève qui manque volontiers la classe.

Brosseur a un lien avec *broussailles* : le *brosseur* ne préfère-t-il pas courir la campagne plutôt que d'aller en cours ? Ce que dit bien l'expression *faire l'école buissonnière*.

caïman, n.m. (Côte d'Ivoire). Élève qui se lève la nuit pour travailler.

Tel le *caïman* surgi de la rivière, l'élève studieux se relève en bâillant !

carnassière, n.f. (Belgique). Cartable.

La *carnassière* est ordinairement le sac dans lequel on met le gibier abattu à la chasse. *Carnasse* se dit aussi dans le nord de la France.

carriériste, n. (Mali, Sénégal). Élève studieux.

Le bosseur est sur le chemin de la carrière.

cartouchard, -e, n. (Sénégal). Élève qui n'a plus la possibilité de redoubler.

Arrivé à ce point, on use ses dernières cartouches.

copion, n.m. (Belgique). Antisèche.

Autrefois petit bout de papier plus ou moins discret, le *copion* se lit aujourd'hui en ligne, sur son portable.

copiste, n. (Mali). Élève qui copie sur les autres.

Je mets en garde les *copistes* et autres *copistateurs* ! N'allez pas chercher dans la copie du voisin l'erreur qui est déjà dans la vôtre !

L'école

débrouillé, -e, n. (Mali).
Personne qui a appris
le français sur le terrain.

Le *débrouillé* est le pendant
du débrouillard.

décrocheur, -euse, n.
(Canada). Élève qui quitte
l'école avant la fin
de sa scolarité.

Décrocheur a depuis
longtemps été consacré par
la *Gazette officielle du Québec*
(29 mai 1982). Adopté
en France au détour de l'an
2000, *décrocheur* a l'avantage
d'être de la famille
de *décrocher* et *décrochage*.

doubleur, -euse, n.
(Canada). Redoublant.

C'est vrai que *redoublant*
semble signifier « qui double
une nouvelle fois », soit trois
années dans la même classe !

échoué, -e, n.
(Centrafrique, Congo). Élève
recalé.

Échouer ne se dit
habituellement que
de navires ou de naufragés
jetés à terre. Cet *échoué*-ci
est plutôt un échoué
de la connaissance.

écolage, n.m. (Suisse).
Frais de scolarité.

Vieux mot français
du Moyen Âge, *écolage* est
demeuré en Suisse.
En Belgique on parlera plutôt
du *minerval* (ce dont
on s'acquitte pour suivre
les leçons de Minerve).

école gardienne, n.f.
(Belgique). École maternelle.

L'*école gardienne* évoque
la garderie d'enfants, comme
l'école maternelle la chère

maman. On parle, en Suisse, d'*école enfantine*.

écritoire, n.m. **(Afrique de l'Ouest et du Centre). Instrument pour écrire.**

Tout ce qui sert à écrire est *écritoire*, même l'ordinateur.

efface, n.f. **(Canada). Gomme.**

Mon *efface* contre ton *aiguise-crayon*.

examiner, v. **(Belgique). Faire passer une épreuve scolaire ou universitaire.**

Que fait l'examinateur ? Il *examine*.

faire le chat, loc. **(Belgique). Faire l'école buissonnière.**

Libre comme l'air, et comme le chat !

Soyez reconnaissant pour vos maîtres

fantômer, v. **(Rwanda). Action de ne pas aller en cours tout en gardant son statut d'écolier ou d'étudiant.**

Certains élèves se font tellement invisibles qu'ils *fantôment*.

fourche, n.f. (Belgique).
Temps de battement
entre deux cours ou deux
occupations.

J'ai des *fourches* en pagaille,
je *fourche* et *refourche*,
mon emploi du temps
est tout *fourchu* !

fréquenter, v. (Afrique).
Aller à l'école, effectuer
sa scolarité.

Il *a fréquenté* au pays, puis
il est parti en Europe.

humaniste, n. (Congo).
Élève qui fait ses études
secondaires.

Humaniste est celui qui a fait
ses humanités.

mofleur, n.m. (Belgique).
Professeur qui recale
facilement à un examen.

Mofleur semble de la famille
de *morfler*. On le dit aussi
buseur, qui vous inflige
une *buse* (une mauvaise note)
sans sourciller. Au Congo,
c'est un *caïd* !

motamoter, v. (Cameroun).
Apprendre sa leçon mot
à mot.

T'as fini de *motamoter*
ta leçon ! Espèce
de *motamoteur* !

péter, v. (Belgique). Recaler
un élève à un examen.

Le professeur qui *pète*
facilement est évidemment
un *péteur*. « Ah ! j'suis
en colère, le prof m'a *pété*.
Il m'a mis une *pète* ! »

privatiste, n. (Val d'Aoste).
Élève d'une école privée.

Nous n'avons pas de mot pour désigner l'élève de l'école publique par rapport à celui de l'école privée : voici le *privatiste*, de l'italien *privatista*.

promotionnaire, n.m. (Sénégal). Condisciple.

Le *promotionnaire* est un condisciple de la même promotion.

raccusette, n.f. (Belgique). Dénonciateur, cafteur.

Se méfier de la *raccusette*, qui vous accuse, accuse et *raccuse* encore !

régent, -e, n. (Suisse). Instituteur ou institutrice.

Le latin du Moyen Âge avait au moins deux sens pour *regere* : « gouverner » et « enseigner ». D'où ce *régent*, qui a traversé les siècles.

solutionnaire, n.m. (Canada). Fascicule ou livre du maître dans lequel est donnée la solution des questions.

Le *solutionnaire* a réponse à tout.

troubleur, n.m. (Mali). Élève perturbateur.

Le fauteur de troubles est un *troubleur*.

vieux-cahier, n.m. (Cameroun). Élève qui redouble.

À force de redoubler, le cahier se fait vieux. Le redoublant se dit aussi *tome deux*, n'ayant pas assez d'un tome pour assimiler.

L'élégance

élégant, n.m. **(Afrique de l'Ouest). Galant, joli cœur.**

On est mieux à faire le joli cœur quand on est élégant que quand on sort du lit !

jaguar, n.m. **(Bénin, Togo). Homme élégant.**

Félin comme l'animal et élégant comme une Jaguar !

jazzeur, n.m. **(Congo). Homme élégant.**

Le *jazzeur* est celui qui est *jazz* (élégant), toujours prêt à sortir et à danser.

JP, n.m. **(Sénégal). Homme habillé à la dernière mode.**

Le *JP* est habillé comme un *jeune premier*, il *sape* à mort !

SAPE, n.f. **(Afrique de l'Ouest). Société des gens bien sapés.**

Qui sort du lot fait partie de la Société des ambianceurs et des personnes élégantes *(SAPE)*.

sapeur, -**euse**, n. **(Afrique de l'Ouest). Personne habillée avec recherche.**

Chacun sort plus ou moins bien sapé. Pas le *sapeur*, qui *sape* à mort. Il est beau comme un *jeune premier* (un *JP* au Sénégal), chaussures fermées et rutilantes comme la carrosserie d'une *Jaguar* (son surnom béninois et togolais).

La famille

balle perdue, n.f. (Togo). **Enfant conçu sans prévenir.**

Moins douloureux qu'une *balle perdue*, mais tout de même !

beau, n.m. (Afrique de l'Ouest). **Membre de la belle-famille.**

Beau ou laid, le *beau* fait partie de la belle-famille.

bonhomme, n.m. (Maurice). **Mari.**

Aussi bien *bonhomme* que *bonne femme* se disent à Maurice sans nuance péjorative. « Je vous présente mon *bonhomme* ! »

commère, n.f. (Antilles). **Marraine d'un enfant, confidente, amie.**

Comment tu vas, ma *commère* ?

compère, n.m. (Antilles). **Parrain d'un enfant.**

Le *compère* joue un peu le rôle d'un deuxième père.

cousin à plaisanterie, n.m. (Afrique). **Parent à qui un lien particulier, souvent mythique, permet de tout dire.**

Il y a peu de personnes sur la terre à qui l'on puisse tout dire, comme le *cousin à plaisanterie*.

enceinter, v. (Afrique de l'Ouest). **Mettre enceinte.**

L'homme *enceinte* la femme ; la dame, de son côté, doucement *gagne l'enceinte*…

enfant de fortune, n. (Val d'Aoste). **Enfant né hors mariage.**

Fortune est pris ici dans son sens latin de « hasard ». Quelle bonne fortune !

La famille

être en état, loc. (Mali, Sénégal). Être enceinte.

Être en état vaut pour en *état de grossesse*.

gagner petit, loc. (Afrique de l'Ouest). Avoir un bébé.

Le petit, il faut le gagner !

grossir, v. (Bénin, Cameroun, Centrafrique, Togo). Mettre enceinte.

Grossir une femme, c'est aussi, au Mali, la *gonfler*.

maternel, n.m. (Côte d'Ivoire). Parent du côté de la mère.

Aux *maternels* répondent les *paternels*, parents du côté du père.

pendu, -e, adj. ou n. (Suisse). Se dit d'une personne dont les bans sont publiés, sans qu'elle soit encore mariée.

Se marier, n'est-ce pas se mettre un peu la corde au cou ?

prémaman, n.f. (Val d'Aoste). Femme enceinte.

Avant d'être maman, on est d'abord *prémaman*.

ton pied mon pied, n.f. (Bénin). Femme qui surveille son mari en permanence.

J'peux pas faire un pas, c'est une vraie *ton pied mon pied* !

y a pas de quoi écrire à sa belle-mère, loc. (Canada). Y a pas de quoi en faire un plat.

Elle a bon dos, la belle-mère !

ambiance, n.f. (Afrique de l'Ouest). Fête joyeuse, avec danse et musique.

De l'ambiance à la fête, il n'y a qu'un pas. Ça va *ambiancer* !

ambiancer, v. (Afrique de l'Ouest). Faire la fête.

Un peu d'ambiance, et on *ambiance* !

ambianceur, -euse, n. (Afrique). Fêtard.

Qui court les ambiances, lieux de fête et de liesse, est un *ambianceur*.

biguine, n.f. (Antilles). Danse des Antilles à quatre temps.

La biguine se danse résolument : *collé serré* ou *collé collé* ?

boîte à chansons, n.f. (Canada). Cabaret où se produisent des chanteurs.

Ah ! qu'il est bon de s'attabler pour écouter un bon blues en français !

bordeleur, n.m. (Antilles). Fêtard.

Qui aime faire un gentil bordel est un *bordeleur* ou un *bordérien*.

boumeur, n.m. (Congo). Fêtard, noceur.

Le *boumeur* est un coureur de boums. Vive la boum !

cadeauter, v. (Afrique de l'Ouest). Offrir un cadeau.

Cadeauter ou *cadonner*, c'est donner en cadeau.

cuveur, n.m. **(Centrafrique, Congo)**. Fêtard.

Qui aime à *cuver* (« digérer son vin ») est un *cuveur*.

dégagement, n.m. **(Côte d'Ivoire, Niger, Sénégal)**. Soirée dansante.

On se donne à fond, ça dégage !

ducasse, n.f. **(Belgique)**. Fête foraine en plein air.

Ah ! qu'il est bon de manger des frites à la *ducasse*, mot issu du latin *dedicatio* (« dédicace, consécration d'une église »). Ces airs de *ducasse* sont aussi bien connus dans le nord de la France.

être benaise, loc. **(Nouveau-Brunswick)**. Être dans un état de contentement, surtout après avoir bien mangé et bien bu.

Les habitants de l'est du Canada se ressentent de certaines origines charentaises, où *être benaise* est encore bien utilisé.

faire longue table, loc. **(Belgique, Suisse)**. Banqueter.

La table est longue et le repas dure longtemps.

fais-dodo, n.m. **(Louisiane)**. Bal, fête, salle des fêtes.

À l'origine, semble-t-il, les couples venaient au bal avec leurs enfants, qu'ils couchaient sur place pour pouvoir les surveiller ; car, en pareille circonstance, pas question pour les parents de *faire dodo* !

fêter, v. (Canada, Sénégal). Célébrer un événement, faire la fête.

On *a* bien *fêté* hier !

gazer, v. (Côte d'Ivoire). Faire la fête.

On met les gaz, ça *gaze* !

guindaille, n.f. (Belgique). Fête joyeuse, bien évidemment arrosée.

Godaille est étymologiquement une sorte de bière. On imagine donc les *guindailleurs* buvant autre chose que de l'eau, dans des fêtes qui n'ont rien de guindées !

jeu de lumières, n.m. (Bénin, Togo). Lumière tamisée lors de certaines danses.

Ah ! le slow et son *jeu de lumières* ! J'ai hâte, j'en attends un avec impatience !

maman-violon, n.f. (Antilles). Violoncelle.

La *maman-violon* est grosse d'un petit violon.

musique à bouche, n.f. (Canada). Harmonica.

Cette *musique à bouche* peut vous ruiner la babine. D'où son équivalent de *ruine-babines*.

musique à bras, n.f. (Louisiane). Accordéon.

C'est vrai qu'il faut prendre l'instrument à pleins bras !

Fête et musique

musique la gueule, n.f. (La Réunion). **Harmonica.**

Dans cette expression de créole réunionnais, on reconnaît la *musique à bouche*.

noëler, v. (Antilles). **Fêter Noël.**

On s'en va au pays *noëler* !

tamtameur, -euse, n. (Afrique). **Joueur de tam-tam.**

Tamtameur se dit aussi, au Niger particulièrement, *tamtamier*. Pas de fête sans rythme et sans *tamtameur* !

tire-pipe, n.m. (Suisse). **Fête foraine, tir à la carabine.**

On y tire souvent sur des pipes.

tourneur, n.m. (Congo). **Fêtard.**

Ce fêtard-là aime faire le tour des bars et autres lieux d'*ambiance*. Surtout, il a le don de vous tourner une aventure comme pas deux !

trippant, -e, adj. (Canada). **Excitant.**

Ça vous prend aux tripes, c'est *trippant* !

vestiairiste, n. (Belgique). **Personne chargée du vestiaire.**

Dans les bonnes réceptions, il est bon de remiser son *harnachement* auprès du *vestiairiste*.

vibreur, n.m. (Sénégal). **Fêtard, noceur.**

Le *vibreur* vibre de toutes ses fibres en entendant le slow !

Fumer

bâton, n.m. **(Afrique de l'Ouest et du Centre).** Cigarette.

T'as un *bâton* ?

blondiste, n. **(Algérie).** Fumeur de cigarettes blondes.

Fumer des blondes est d'une distinction !

cigaretter, v. **(Bénin, Togo). Fumer une cigarette.**

Elle n'arrête pas de *cigaretter*, faut faire quelque chose !

nuit grave, n.f. **(Afrique de l'Ouest). Cigarette.**

Fumer est devenu impossible, sauf pour les masochistes ou les bigleux. Il est indiqué de plus en plus gros sur les paquets que « Fumer tue » ou que « Fumer nuit gravement à la santé ». Ça nuit grave ! « T'as pas une *nuit grave* ? »

rouleuse, n.f. **(Canada). Cigarette taponnée et roulée à la main.**

On s'taponne une p'tite *rouleuse* ?

sept centimètres, n.f. **(Sénégal). Cigarette.**

La *sept centimètres* se dit aussi *sept*. « T'as pas une *sept* ? »

L'habillement

abacos, n.m. (Congo).
Veste d'homme sans
chemise ni cravate.

Si l'on ne veut pas porter
le costume cravaté à la mode
occidentale, voire le trois-
pièces (quelle chaleur !),
on a le choix entre le costume
traditionnel et l'*abacos*.
Le costume occidental
n'ayant pas toujours été bien
vu dans l'ancien Zaïre, *abacos*
ou *abacost* vaut pour « À bas
costume ! ».

accoutrement, n.m.
(Algérie, Centrafrique,
Congo). Manière
de s'habiller.

Accoutrement est à prendre
positivement, car il y a
souvent beaucoup
de recherche dans
la tenue. « T'es belle
dans ton *accoutrement* ! »

bas-culotte, n.m.
(Canada). Collant.

Un *bas-culotte* est une culotte
prolongée en un bas. « T'as vu
mon *bas-culotte* ? »

bobol, n.m. (Antilles).
Chaussure de football.

N'oublie pas tes *bobols*
pour aller au foot !

bottine de ski, n.f.
(Canada). Chaussure de ski.

Bottine fait délicat
pour ces grosses chaussures
encombrantes.

boubou, n.m. (Afrique).
Vêtement traditionnel
(pour homme ou femme)
qui couvre le corps.

Elle est mignonne
dans son *boubou* !

braillé, adj. (Sénégal). Qui porte la chemise dans le pantalon.

En pays chaud, on n'a pas intérêt à aller *braillé*, car cela donne chaud !

brassière, n.f. (Canada). Soutien-gorge.

La *brassière* enveloppe les bras, et du même coup la poitrine. C'est encore en France un vêtement d'enfant.

caleçon, n.m. (Afrique). Culotte ou slip de différentes dimensions.

Caleçon se dit en Afrique pour *slip*, voire pour *culotte courte*.

camisole, n.f. (Afrique). Vêtement de femme à manches courtes, qui couvre le haut du corps.

La *camisole* est souvent d'une élégance troublante.

chandail, n.m. (Canada). Pull-over.

Comme dans l'ancienne France, on porte un *chandail* au Canada, et non un *pull-over*.

costume de bain, n.m. (Belgique). Maillot de bain.

Il est bien élégant, ce costume de bain, survivance du temps où on allait à la plage soigneusement dissimulé sous le maillot !

L'habillement

cuissettes, n.f. pl. (Suisse).
Culotte de sport, type short.

Les *cuissettes* semblent faites
pour mouler les bonnes
cuisses de coureur.

faire l'enfilage, loc.
(Centrafrique). Porter
la chemise à l'intérieur
de son pantalon ou de sa jupe.

En pays chaud, la chemise
se porte rarement rentrée
dans le pantalon ou la jupe.

fourrer, v. (Côte d'Ivoire).
Porter la chemise
à l'intérieur du pantalon.

On ne *fourre* généralement
que pour les grandes
circonstances.

lichette, n.f. (Belgique).
Boucle cousue à l'intérieur
d'un vêtement
pour le suspendre.

Lichette désigne
ordinairement une petite
chose, ce qu'est effectivement
cette petite boucle, bien utile.

mari capable, n.m. (Côte
d'Ivoire). Nom de pagne,
voire de coiffe.

Mon mari est *capable*,
qu'est-ce que vous croyez ?
Il a les moyens de me payer
un si beau pagne !

mitaine, n.f. (Canada).
Gant.

Des *mitaines* sont pour nous
des gants découverts
aux extrémités.
Heureusement
que les *mitaines*
canadiennes
sont fermées,
sinon gare
aux engelures !

mitaine de neige, n.f. (Canada). Gant rembourré.

« Sors pas sans tes *mitaines d'neige*, i fait – 67° au cadran ! »

mon mari sort je sors, n.m. (Côte d'Ivoire). Nom de pagne.

Le pagne est un message : *Chéri ne me quitte pas.* Mais c'est aussi une arme, contre le mari, qui n'a pas la permission de faire ce qu'il veut. Et contre les rivales, qu'on a à l'œil. Ce qu'indique un autre nom de pagne : *Yeux voient bouche parle pas.* Quant à l'*Œil de ma rivale*, je m'en moque : je la provoque de mon plus joli pagne.

pagneuse, n.f. (Côte d'Ivoire). Femme qui porte un pagne.

La *pagneuse* porte un pagne, tenue traditionnelle, désespérée parfois de ne pouvoir porter une robe comme la *robeuse*, qui provoque, dans sa robe affriolante.

robeuse, n.f. (Côte d'Ivoire). Femme qui porte une robe.

Porter la robe, comme les belles élégantes, fait plus huppé que porter le pagne, comme à la campagne.

slipé, -e, adj. (Sénégal). Qui porte un slip.

Tout le monde ne porte pas de slip. En tout cas, qui porte un slip est *slipé*.

soutien, n.m. (Belgique). Soutien-gorge.

Chéri, où t'as mis mon *soutien* ?

suspente, n.f. (Suisse).
Boucle cousue à l'intérieur
d'un vêtement pour
le suspendre.

Il est souvent plus facile
de suspendre son vêtement
à un fil que de l'accrocher
à une patère.

tailler, v. (Sénégal).
Prendre les mensurations.

Approchez, que je vous *taille*.

tire-éclair, n.f. (Burkina
Faso). Fermeture Éclair,
dite fermeture à glissière.

La fermeture Éclair se tire
l'instant d'un éclair.

tirette, n.f. (Belgique,
Rwanda). Fermeture
à glissière.

Pour ouvrir ou fermer
la fermeture Éclair, il faut
tirer la *tirette* !

Humeurs et sentiments

attraper le black, loc. (Canada). **Avoir le cafard.**

À force d'avoir des idées noires, on *attrape le black*.

avoir les bleus, loc. (Canada). **Avoir le cafard.**

Traduction littérale de l'anglais *to have the blues* !

avoir son voyage, loc. (Canada). **En avoir assez.**

J'commence à en *avoir mon voyage* de ses *niaiseries* !

s'émoyer, v. (Canada, Nouveau-Brunswick). **Être ému.**

Émoi a subsisté, mais *émoyer* et surtout *s'émoyer* continuent de s'entendre ici et là, notamment en Acadie (nord-est du Canada).

être sur le ballant, loc. (Suisse). **Ne savoir que décider.**

Baller est un ancien verbe signifiant « remuer, se balancer », dont *bal* est issu, qui se disait autrefois pour « danse ». *Être sur le ballant* est en quelque sorte danser d'un pied sur l'autre.

frousser, v. (Congo). **Avoir très peur.**

Qui a la frousse *frousse*.

le prendre aisé, loc. (Canada). **Ne pas s'en faire.**

Prends-*le aisé*, ça va passer ! (*Take it easy !*)

se mélancoliser, v.
**(Haïti). Se laisser aller
à la mélancolie.**

Mélancolique on *se mélancolise*,
jusqu'à en attraper la colique !

piquer un soleil, loc.
**(Maurice, La Réunion).
Devenir rouge de confusion.**

On rougit soudain, comme si
on était trop resté au soleil !

rêver en couleurs, loc.
**(Canada). S'imaginer, se faire
des illusions.**

Le rêve en couleurs est,
paraît-il, assez rare.
« S'il croit que je vais tomber
dans ses bras, il *rêve
en couleurs* ! »

Les importuns

achalant, n.m. (Canada).
Importun, ennuyeux.

Dans *achalant*, il y a *achaler*.
Et, dans *achaler*, chaleur :
l'*achalant* est celui qui donne
chaud. Le verbe vient
des régions de l'ouest et
du centre de la France,
où il est encore utilisé.
C'est dire si l'image colle
à la peau de l'importun,
mouche du coche, grand
nigaud, emmerdificateur.
Il traîne après lui son adjectif,
achalant, qui peut se dire
aussi *collant, bâdrant, fâchant*
ou *ennuyant*. Gardez-nous
des *achalants, achalages,
achalements, achaleries* et
achalanteries en tout genre !

bandicon, n. (Afrique
de l'Ouest et du Centre).
Imbécile, idiot.

Bandicon s'adresse
à un individu, même s'il est
tout seul.

bâton merdé, n.
(Antilles). **Emmerdeur.**

On ne peut pas s'en
débarrasser, tellement
il est collant.

couillon carré, n.
(Sénégal). **Gros imbécile.**

On sait compter au Sénégal :
pire qu'un triple con,
un *couillon carré* !

fais-chier, n. (Mali).
Emmerdeur.

À force de faire chier,
on est un *fais-chier* !

mêle-tout, n. (Belgique).
**Importun qui met partout
son grain de sel.**

Également utilisé dans le nord
de la France, le *mêle-tout*
se double d'un autre :
le *mêle-brun* (*brun* étant
un vieux mot pour désigner
les excréments).

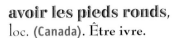

L'ivresse

avoir les pieds ronds, loc. (Canada). Être ivre.

On commence à *avoir les pieds ronds*, et tout le reste aussi !

bibitif, -ive, adj. (Belgique). Qui a rapport à la boisson.

Une nourriture est bien roborative : pourquoi une soirée ne serait-elle pas *bibitive* ?

bigré, -e, adj. (Côte d'Ivoire). Enivré, saoul.

Bigre : je suis *bigré* !

brosse, n.f. (Canada). Saoulerie.

Au Canada, la cuite semble avoir tout du nettoyage : on y *part en brosse* ou *sur une brosse*. Et on

en revient tout neuf, prêt pour d'autres aventures « par un soir de brosse au vin de queues de cerises » (Francine Noël, *Myriam première*, 1987).

cuite fédérale, n.f. (Suisse). Cuite monumentale.

Voilà ce que c'est d'habiter une confédération : on rentre avec une de ces *fédérales* !

cuiteur, n.m. (La Réunion). Ivrogne.

Qui se cuite souvent est un *cuiteur*. Ou un *soiffeur*, car ça donne choif !

cuveur, -euse, n. (Tchad). Ivrogne.

Le *cuveur* passe son temps à cuver.

doser, v. (Centrafrique).
Boire de l'alcool.

Comme l'amour, l'ivresse
est affaire de dosage.
Pour se remettre en forme
le lendemain, prendre
une *dose d'équilibre*,
qui réhabitue le corps
à l'alcool !

doseur, n.m. (Rwanda).
Personne qui aime s'enivrer.

L'ivresse est une question
de dosage.

**être rond comme
une boule carrée**, loc.
(La Réunion). **Être bien ivre.**

Il faut en avaler, des vertes et
des pas mûres, pour *être rond
comme une boule carrée* !

faire un à-fond, loc.
(Belgique). **Faire cul sec.**

On boit, on boit, jusqu'à
en voir le fond !

kiffé, **-e**, adj. (Maroc).
**Se dit d'une personne
qui a fumé du kif.**

J'sais pas ç'qui m'arrive, j'suis
tout *kiffé* !

partir sur la balloune,
loc. (Canada). Être ivre.

Et voilà, un p'tit tour
en ballon !

rhumé, **-e**, adj.
(La Réunion). **Avoir pris trop
de rhum.**

Pour lutter contre le rhume,
soyons *rhumé* !

soulaison, n.f.
(La Réunion). **Ivresse.**

Entre *soûl* et *soûlerie*,
il y a *soulaison* !

Les légumes

boule de neige, n.f. (Sénégal). **Chou-fleur.**

Voilà de quoi rêver un peu à la neige !

chicon, n.m. (Belgique). **Endive.**

Belges et Ch'timis mangent non de l'endive, mais du chicon.

légumier, n.m. (Belgique). **Marchand de légumes.**

N'est-il pas appétissant ce *légumier*, vendeur de légumes et… de fruits ?

patate chaude, n.f. (Canada). **Problème brûlant.**

Rien de plus chaud qu'une patate. Et, si on se retrouve avec la *patate chaude*, il faut agir !

pomme pétée, n.f. (Belgique). **Pomme de terre cuite à la braise.**

Attention quand ça pète !

verdurier, n.m. (Belgique). **Marchand de légumes.**

Le *verdurier* est vendeur de verdure.

Lessive et linge

broche à linge, n.f. (Canada). Épingle à linge.

Pince se dit souvent *broche* au Canada. « Où as-tu mis mes *broches à linge* ? »

carreau, n.m. (La Réunion). Fer à repasser.

Carreau se dit à l'origine d'un objet quadrangulaire, forme qu'avait le fer à repasser de nos grand-mères dont le nom s'est conservé ici et là.

lavander, v. (Antilles). Faire la lessive, s'occuper du linge.

Comme le linge sent bon une fois lavé et aspergé de lavande !

linger, v. (Sénégal). Laver le linge, voire le repasser.

Linger, n'est-ce pas s'occuper du linge ?

ouvrir le linge, loc. (Antilles, La Réunion). Étendre le linge de façon à le faire sécher.

Il faut déplier et *ouvrir le linge*, pour qu'il sèche en plein vent.

savonnée, n.f. (Belgique). Petite lessive rapide faite à la main.

Trempé c'est lavé, sec c'est propre !

La magie

abbé, n.m. (Cameroun, Centrafrique). Prêtre ou religieux africain.

Abbé se dit généralement en Afrique pour désigner un religieux noir de peau. *Père* se dira plutôt pour un religieux blanc de peau. Quant à la religieuse, c'est une *masœur*.

âme abandonnée, n.f. (La Réunion). Âme d'un mort qui ne trouve pas le repos.

Cette *âme abandonnée* se dit aussi *âme errante*.

anti-balle, n.m. (Côte d'Ivoire). Amulette contre les balles d'arme à feu.

Ne pas sortir sans son *anti-balle* !

attacher, v. (Afrique de l'Ouest). Jeter un sort à quelqu'un.

On est attaché par le mauvais sort comme par un lien invisible.

bain de chance, n.m. (Antilles). Bain destiné à enlever le mauvais sort.

Il faut parfois user de *protègements* pour se défaire d'un sort. Se plonger alors dans un *bain de chance* ou *bain démarré*, qui vous « délie » du mauvais sort.

blindé, **-e**, adj. (Centrafrique). Se dit d'une personne protégée des mauvais sorts.

Il vaut mieux se prémunir des mauvais sorts en *se blindant* et en s'armant d'un bon blindage !

charlater, v. (Togo).
Consulter un guérisseur
ou un devin.

Charlatan se dit,
non péjorativement,
du guérisseur ou du devin.
Charlater permet souvent
d'y voir plus clair.

démarabouter, v.
(Côte d'Ivoire). Enlever
le mauvais sort.

En cas de malchance
ou de malheur
incompréhensible,
penser à se faire
démarabouter !

garde-corps, n.m.
(La Réunion). Objet destiné
à rejeter le mauvais sort.

L'amulette *garde-corps*,
dite aussi *garantie*, est souvent
plus efficace qu'un garde
du corps.

marabouter, v. (Afrique).
Avoir recours
à un marabout.

Pour se défaire d'un sort
ou en jeter un sur quelqu'un,
on va *marabouter*. Seul
un bon *maraboutage* pourra
lever l'envoûtement.

maraboutique, adj.
(Sénégal). Qui se rapporte
au marabout.

Je te le dis, c'est un conseil
maraboutique !

mézabit, n.f. (Congo).
Soutane de prêtre.

Mézabit se dit pour
« Mes habits ». « Apporte-moi
ma *mézabit*, mon p'tit ! »

La maison

baraque, n.f. (Sénégal).
Maison de planches.

La maison est plus souvent
baraque que villa.

barrer, v. (Canada).
Fermer.

Mot de l'ouest de la France,
barrer signifie, à l'origine,
« mettre une barre ». As-tu
barré la porte ?

borgnette, n.f. (Suisse).
Petite fenêtre, vasistas.

La *borgnette* n'est pas tout
à fait une fenêtre borgne
(à travers laquelle on ne voit
pas), mais une fenêtre
si petite qu'elle ne laisse pas
voir grand-chose.

boucane, n.f. (Canada).
Fumée.

Boucan, gril sur lequel
les Indiens fumaient

leurs viandes, a donné
boucaner (« fumer la viande »)
et *boucanier*. De l'objet à la fumée
qu'il dégage, il n'y a que
la grosseur d'un rondin.

case, n.f. (Afrique).
**Maison traditionnelle, faite
généralement de paille,
de banco, de brique ou de terre.**

Je me retire dans ma *case*
pour réfléchir.

chambrer, v. (Canada).
**Prendre une chambre
en location chez un particulier.**

J'ai trouvé à *chambrer* près
de l'université.

charroyer, v. (Antilles).
Déménager.

Mot de vieux français,
charroyer a le sens littéral
de « transporter
dans un chariot ».

chez nous, loc. (Canada).
À la maison.

Expression qui se retrouve
dans l'ouest de la France.
Même si on habite seul,
on est *chez nous* !

cohabitant, -e, n.
(Centrafrique).
Colocataire.

On *cohabite* sous le même
toit.

découcheur, -euse, n.
(Centrafrique). Personne
qui découche.

Qui découche
est un *découcheur*.

déloger, v. (Belgique).
Ne pas rentrer chez soi,
découcher.

Si t'es pas contente, j'm'en
vais *déloger* ailleurs !

se déplacer, v. (Tchad).
Déménager.

On a en général pas grand-
chose à emporter, il suffit
de *se déplacer*.

s'encabaner, v.
(Canada). Rester chez soi.

La cabane au Canada
incite à *s'encabaner*, surtout
l'hiver !

entrer-coucher, n.m.
(Bénin, Côte d'Ivoire).
Petite pièce.

Il y a tout juste la place
pour coucher.

gardinier, n.m. (Niger).
Jardinier et gardien
d'une résidence.

Le garde est aussi jardinier,
et vice versa.

huile de chauffage, n.f. (Canada). Mazout.

L'anglais se traduit souvent littéralement au Canada : d'où cette *huile de chauffage*, pour *heating oil*.

imperdable, n.f. (Suisse). Épingle de sûreté ou épingle à nourrice.

Bien accrochée, on ne peut la perdre.

locateur, n.m. (Tchad). Propriétaire qui donne en location.

Au locataire s'oppose le *locateur*.

pataterie, n.f. (Louisiane). Lieu où l'on entrepose les pommes de terre.

La *pataterie*, paradis des amoureux de la pomme de terre !

serruté, -e, adj. (Sénégal). Se dit d'une ouverture dotée d'une serrure.

Les portes peuvent être simplement *barrées* en Afrique. Dotées d'une serrure, elles sont *serrutées*.

vivoir, n.m. (Canada). Salle de séjour.

Le *vivoir* est la pièce à vivre : le *living-room*.

aller au paradis avec ses souliers, loc. **(Val d'Aoste). Mourir subitement.**

Même pas le temps de retirer ses souliers !

apollo, n.m. **(Congo). Conjonctivite.**

Lorsque Apollo II se désintégra dans l'atmosphère, on ne sut où tombèrent les débris. D'où l'association de son nom à l'épidémie de conjonctivite qui sévissait alors en Afrique.

bonbon-fesses, n.m. **(Antilles). Suppositoire.**

Un bonbon pour les fesses et un gros dodo, il n'y paraîtra plus !

chaos, adj. **(Congo). Être au trente-sixième dessous.**

On peut être mis *chaos* par l'amour, l'alcool, ou tout simplement sur le ring. Le voilà encore *chaos* !

constipé, -e, adj. **(Cap-Vert). Enrhumé.**

Sous l'influence du portugais *constipado*, *constipé* se dit aussi au Cap-Vert pour un simple rhume. « Qu'est-ce que t'as aujourd'hui ? – J'su *constipé*. »

feu sauvage, n.m. **(Canada). Herpès.**

Cette éruption imprévue brûle comme du feu.

grande maladie, n.f. **(Bénin, Togo). Lèpre.**

Les langues désignent souvent les maladies effrayantes de façon atténuée, ce qui révèle un tabou.

injection, n.f. (Afrique).
Piqûre médicale.

En Afrique, *piqûre* se dit
plutôt pour l'insecte, et
injection pour la seringue.

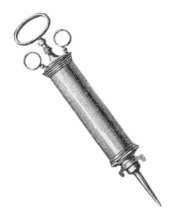

jaquette, n.f. (Canada).
Blouse que porte le malade
à l'hôpital.

« Tu vas pas sortir
dans la rue avec ta jaquette
tout d'même ! »

kaoter, v. (Mali, Niger,
Sénégal). Mettre K.-O.,
fatiguer.

Entre K.-O. et chaos,
il y a *kaoter*. « J'suis crevé,
ce voyage m'a *kaoté*. »

lettre de mort, n.f.
(Belgique). Faire-part
de décès.

Lettre de mort rend bien
la brutalité de la nouvelle.

moche, adj. (Canada).
Se dit d'un malade mal
en point.

Il ne faut pas trop dire devant le malade qu'il est *moche*, il risquerait d'en faire une maladie !

mouche-nez, n.m. (Louisiane). Mouchoir.

Prends ton *mouche-nez* et dis bonjour à la madame.

ordonnancer, v. (Sénégal). Prescrire par ordonnance.

Il faudrait que le docteur t'*ordonnance* quelque chose, tu peux pas rester comme ça !

rempironner, v. (Canada). Aller en empirant, particulièrement en parlant d'une maladie.

Il vaut mieux *renmieuter* que *rempironner* !

sida, n.m. (Congo). Syndrome d'immunodéficience acquise.

Pour ôter à la maladie son terrible aspect, *sida* se dit au Congo pour « Syndrome Inventé pour Décourager les Amoureux ».

Les mets

chien chaud, n.m. (Canada). Hot dog.

Chien chaud n'est que la traduction littérale de *hot dog*, qu'on retrouve dans nombre de langues : espagnol, portugais et même… chinois !

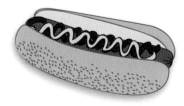

filet américain, n.m. (Belgique). Bifteck haché assaisonné d'aromates et de condiments, accompagné le plus souvent de frites.

Ce *filet* n'a rien d'un filet, et n'est pas plus américain que vous et moi… À manger en tout cas avec des frites, car « la frite », comme l'indique l'enseigne d'un magasin, « c'est belge ! ».

hambourgeois, n.m. (Canada). Hamburger.

L'Office québécois de la langue française s'est fait moquer quand il a proposé de remplacer *hamburger* par *hambourgeois*. Aujourd'hui, *hambourgeois* se dit et s'écrit au Québec, y compris dans les menus de grands restaurants, le français devenant signe de distinction…

pain chargé, n.m.
(Cameroun). Sandwich.

Le pain est parfois si chargé
que ça déborde de tous
les côtés ! Miam !

poutine, n.f. (Canada).
Portion de frites tapissée

de fromage et de sauce
légèrement pimentée.

Une *poutine* est un fameux
mélange. Elle donne
d'ailleurs son nom
à une situation inextricable :
« Ostie de bon sang,
quelle poutine ! »

sous-marin, n.m.
(Canada). Sandwich fait
avec un pain allongé.

Faites votre choix :
un *sous-marin* simple
ou un *sous-marin libanais*
avec du pain pita ?

Meubles et objets

berçante, n.f. (Canada, Louisiane). Siège à bascule.

Berçante ou *berceuse* s'entendent pour *rocking-chair*.

calebasse, n.f. (Afrique). Récipient fait à partir du fruit du calebassier ou de cucurbitacées.

Par association, quand *on en a dans la calebasse*, c'est qu'on en sait des choses !

canari, n.m. (Afrique, Antilles). Récipient en terre cuite destiné à garder l'eau au frais.

Canari vient d'une langue des Caraïbes, où il a le sens de « terre ».

couverte, n.f. (Suisse). Couverture.

Arrête de prendre toute la *couverte* !

dodine, n.f. (Antilles, Haïti). Fauteuil à bascule.

N'est-il pas doux de se dodeliner dans sa *dodine* en regardant le monde s'agiter autour de soi ?

dormeuse, n.f. (Louisiane). Chaise longue.

La *dormeuse (sleeping chair)* invite à dormir.

douillette, n.f. (Canada). Couverture doublée ou matelassée.

La *douillette*, idéale pour les douillets !

Pâtisseries et douceurs

alaska, n.m. (Cameroun). Esquimau.

Il y a certes quelques kilomètres entre l'Alaska et le Cameroun. De quoi savourer cette bonne glace, aux noms abondants : *babi* au Mali, *bonbon glace* ou *bonbon glacé* au Niger. Et, en Côte d'Ivoire, *frigolo*.

beigne, n.f. (Canada). Beignet, le plus souvent de forme arrondie, cuit à grande friture.

Visiblement venu de France, *beigne* se dit en Amérique du Nord pour *donut*. « Tu veux une *beigne* ? »

cramique, n.m. (Belgique). Sorte de pain aux raisins.

Les origines de ce mot le disputent entre Wallons et Flamands. Toujours est-il que *cramique* semble craquer sous la dent.

crème molle, n.f. (Canada). Glace à l'italienne.

Cette bonne glace qui mollit sous la dent est l'équivalent de l'américain *soft cream*.

gosette, n.f. (Belgique). Chausson aux pommes.

Les Belges sont gourmands : ils aiment tout ce qui est bon !

pistolet, n.m. (Belgique). Pain au lait.

Ce pain au lait a la forme d'un pistolet. « Arrête de me narguer avec ton *pistolet* ! »

badaud, n.m. (Côte d'Ivoire, Niger, Sénégal). Individu qui traîne.

Badaud est à l'origine celui qui bade : qui va la bouche ouverte.

dompteuse, n.f. (Antilles). Femme de tempérament, qui aime à dompter ses interlocuteurs.

On connaît la chanson, cela commence par : « Vous êtes mon lion, superbe et généreux »...

dribbleur, n.m. (Centrafrique). Personne experte à se tirer de situations compliquées.

Comme dans les sports de balle, rien de tel, pour esquiver un adversaire ou un créancier, que le *dribbleur* !

faux-type, n.m. (Centrafrique, Rwanda). Homme sans parole.

Ne pas se fier au *faux-type*, qui ne respecte ni sa parole ni ses engagements.

golo, n.m. (Sénégal). Bouffon, clown.

Golo est l'un des noms du singe dans les contes africains. Par extension, *golo* se dit d'une personne peu favorisée par la nature.

grand quelqu'un, n.m. (Burkina Faso). Personne influente.

Un *grand quelqu'un* est un *grand type* : un *gros-cul* en quelque sorte.

grimpion, n.m. (Suisse). Arriviste.

En pays de montagne, l'intrigant *grimpionne* : il vous grimpe dessus !

madame-je-suis, n.f. (Antilles). Maîtresse femme, qui aime à s'imposer.

Il y a des femmes dont l'ambition est d'exister au-dessus des autres.

La politique

aller au garage, loc. (Afrique de l'Ouest). Être mis sur la touche.

Qui est mis sur une voie de garage *va au garage*.

assainir, v. (Congo). Retirer attributions ou avantages à quelqu'un.

Pour assainir la situation, il faut parfois assainir certaines personnes. « Qu'est-ce qui t'arrive ? – J'ai été *assaini* ! »

avoir les bras longs, loc. (Mali, Sénégal). Être influent.

Tant qu'à avoir le bras long, mieux vaut avoir les deux !

baleine, n.f. (Cameroun). Personne influente, qui a tendance à détourner de l'argent.

La *baleine* a la réputation de tout avaler. La chasse à la *baleine* est menée par le *baleinier*, le vérificateur des comptes.

bureau politique, n.m. (Côte d'Ivoire). Maîtresse d'un homme politique.

Les femmes d'un homme politique ont souvent plus d'influence qu'on ne croit. « J'en aviserai mon *bureau politique* ! »

buse, n.f. (Belgique). Échec à une élection.

Buse se dit aussi du tuyau de poêle. *Buser*, serait-ce donc se prendre un tuyau de poêle ?

ça-gâte-ça-gâte, n.m. (Cameroun). Sédition, rébellion.

Attention, ça se gâte !

chefferie, n.f. (Canada). Tête d'une organisation ou d'un parti.

Au pays des Indiens, la lutte est rude pour parvenir à la *chefferie*, mot en usage au Canada pour *leadership*.

chéqueur, n.m. (Haïti). Personne qui touche de l'argent sans exercer de fonction.

Quel meilleur travail que de toucher les chèques ?

cleptocratie, n.f. (Cameroun). Pouvoir politique enclin à détourner des fonds.

La démocratie bascule parfois dans la *cleptocratie*.

conférer, v. (Antilles). Faire un discours politique.

Un discours politique est une sorte de conférence. « Silence, le candidat va *conférer* ! »

courir pour un mandat, loc. (Louisiane). Concourir à une élection.

Les candidats ne cessent de courir d'un endroit à un autre : ce que dit bien l'anglais *to run for office*.

démocrature, n.f. (Cameroun). Pouvoir généralement obtenu par la fraude électorale.

Cette démocratie ressemble dès l'origine à une dictature.

faire couloir, loc. (Mali).
Hanter les couloirs
de l'administration et
des cabinets ministériels
pour obtenir des faveurs.

La politique est pleine
de gens qui *font couloir*.

honorable, n.m.
(Rwanda). Député
ou sénateur.

Par extension, *honorable*
se dit aussi, au Congo,
de tout personnage
influent.

jambette, n.f. (Canada).
Croc-en-jambe.

Dans *jambette*, il y a
le sens physique de « faire
tomber ». Mais il y a aussi
un sens figuré : attention
de ne pas se prendre
une *jambette* de la part
d'un rival !

parentisme, n.m. (Togo).
Action de favoriser
les membres de sa famille.

Le *parentisme* est
un clientélisme fondé
sur la famille.

politicien, n.m. (Congo).
Menteur.

Ne pas trop croire *politiciens*
et parlementeurs !

politique, n.f. (Cameroun,
Congo, Rwanda). Fausse
rumeur, mensonge.

Tout ce qu'on raconte là,
c'est des *politiques* !

pouvoiriste, n.
(Cameroun). Personne avide
de pouvoir.

Les *pouvoiristes* ont souvent
le désir du pouvoir inscrit
sur leur visage.

pure laine, loc. (Canada). Se dit d'une personne de pure souche.

On est d'ici ou d'ailleurs, mais en tout cas québécois *pure laine* !

situationniste, n. (Centrafrique). Personne habile à tirer parti de la situation.

Pas besoin de grande théorie politique : le *situationniste* profite de la situation sans se poser de questions.

virer capot, loc. (Canada). Changer de camp ou d'allégeance.

Capot est un mot ancien pour « manteau ». Qui retourne facilement sa veste a son nom tout trouvé au Québec : le *vire-capot* !

virer son pantalon, loc. (La Réunion). Changer de camp ou d'opinion.

Les uns retournent leur veste, d'autres leur pantalon…

La propreté

blinquer, v. **(Belgique).** Briller, reluire.

« Briller » se dit *blinken* en flamand. À force de tout briquer dans la maison, comme on aime le faire en Belgique, ça *blinque* !

débarbouillette, n.f. **(Canada). Carré de serviette éponge.**

Ne nous y trompons pas : cette petite serviette carrée n'est pas destinée à s'essuyer, mais à se débarbouiller.

dévaloir, n.m. **(Suisse).** Vide-ordures.

En pays montagnard, les ordures dévalent joyeusement les pentes.

drap de maison, n.m. **(Belgique).** Serpillière.

Il y a beaucoup de draps dans une maison belge, pays de vieilles filatures : le *drap de vaisselle* (le torchon), le *drap de main* (la serviette), le *drap de maison* (la serpillière), sans oublier le *drap de lit* !

faire son samedi, loc. **(Belgique). Faire son ménage de fin de semaine.**

Même vendredi ou dimanche, on peut *faire son samedi*. De quoi en perdre son plumeau !

lavette, n.f. **(Suisse). Carré de tissu-éponge qui sert à laver.**

Un coup de *lavette*, et c'est propre !

linge de toilette, n.m. **(Suisse). Serviette-éponge pour s'essuyer.**

On dit plutôt *linge* que *serviette* en Suisse. « Passe-moi un *linge de toilette*, que j'm'essuie ! »

loque à reloqueter, n.f. (Belgique). Serpillière.

Loque se dit souvent pour toutes sortes de tissus ou de vêtements en Wallonie et dans le nord de la France. D'où cette *loque à reloqueter*, qui indique doublement sa destination.

ménagerie, n.f. (Bénin, Togo). Travaux de ménage.

Faire le ménage se dit aussi *ménager*, ce qui conduit à la *ménagerie*. « J'en peux plus, j'ai passé mon temps à faire la *ménagerie*. »

ordré, -e, adj. (Suisse). Qui est en ordre.

N'est-ce pas avoir le sens de l'ordre que d'être *ordré* ?

ordurière, n.f. (Suisse). Petite pelle à balai.

L'*ordurière* aide à ramasser les ordures.

panosse, n.f. (Suisse). Serpillière.

Leçon de propreté : d'abord passer la *brosse* (la balayette), puis passer la *panosse*. Une fois le sol bien *panossé*, essuyer et laisser sécher.

pelle à chenit, n.f. (Suisse). Ramasse-poussière.

Chenit (prononcer « ch'ni ») dérive du latin *canis* (« chien »). Il a le sens de « saleté », mais aussi de « désordre », valeurs peu helvétiques.

La propreté

propre en ordre, loc. **(Suisse). Impeccable.**

En Suisse, la propreté va avec l'ordre.

ramassette, n.f. **(Belgique). Pelle à poussière.**

L'objet est si courant qu'il a reçu bien des noms, dont *pelle à balayures*, *ramasse-poussière* ou *ramassette*. « Un bon coup de *ramassette*, il n'y paraîtra plus ! »

serpiller, v. **(Antilles). Passer la serpillière.**

Passer la serpillière, c'est bien *serpiller*.

vadrouille, n.f. **(Canada). Balai à franges fait pour nettoyer le sol.**

Ce balai, en vogue dans la marine, est bien pratique pour mettre la maison au propre. *Vadrouiller* (« aller et venir ») en dérive.

vidange, n.f. **(Afrique centrale, Belgique). Bouteille vide.**

Vidange désigne usuellement l'action de vider. Et, de l'action à son résultat, il n'y a qu'un pas.

vidangeur, n.m. **(Canada). Agent de la voirie qui enlève les ordures ménagères.**

Le *vidangeur* ou la *vidangeuse* enlève les *vidanges* : les ordures ménagères. Il se dit *ordurier* au Maroc.

La prostitution

avoir un rideau, loc. (Côte d'Ivoire). S'adonner à la prostitution.

On fait la chose derrière le rideau, ce dernier servant en quelque sorte de cache-sexe.

faire boutique mon cul, loc. (Côte d'Ivoire). Se prostituer.

J'installe ainsi ma boutique où je veux.

faire l'amour commercial, loc. (Mali). Sortir avec un homme ou une femme pour son argent.

Faire l'amour commercial, c'est bien faire commerce de son corps.

femme du soir, n.f. (Louisiane). Prostituée.

La dame est plutôt du soir.

garcerie, n.f. (Mali). Maison de prostitution.

La *garcerie* est un lieu où se tiennent des *garces*, vieux mot pour *prostituées*.

se garer, v. (Niger). Aller voir une prostituée.

Se garer est une bonne excuse, car cela peut prendre un peu de temps.

gavroche, n.f. (Niger). Prostituée.

Le bon Gavroche rejoint ici sa sœur d'infortune.

londonienne, n.f. (Congo). Prostituée qui fréquente particulièrement les Blancs.

La *londonienne* semble préférer les sujets de Sa Majesté. Mais on la dit aussi *parisienne*.

trottoire, n.f. (Congo).
Femme qui fait le trottoir,
prostituée.

L'arpenteuse de trottoir
reçoit le nom du lieu
où elle travaille.

tu-viens, n.f. (Cameroun).
Femme qui fait le trottoir,
prostituée.

Le nom est dans la question :
« Tu viens ? »

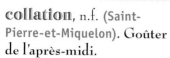

Les repas

collation, n.f. (Saint-Pierre-et-Miquelon). Goûter de l'après-midi.

À quatre heures on *collationne*. Après la *collation* vient l'*après-quatre-heures*.

déjeuner, n.m. (Canada). Petit déjeuner du matin.

Comme au temps de l'ancienne France, *déjeuner* continue de se dire çà et là pour le repas du matin.

dîner, n.m. (Canada). Déjeuner de midi.

Attention de ne pas se mélanger les fourchettes ! *Dîner* se dit, au Canada, pour le repas de midi. Comme aujourd'hui dans certaines de nos régions, encore à l'heure de l'ancienne France.

dix-heures, n.m. (Belgique, Suisse). Collation prise vers dix heures.

Certains mangent à dix heures comme d'autres à quatre heures. « Oublie pas ton *dix-heures* ! »

goûter, n.m. (La Réunion). Petit déjeuner du matin.

Goûter, c'est toujours goûter : le matin, ou, comme pour nous, à quatre heures.

souper, n.m. (Canada). Dîner du soir.

Le *souper* est le dîner du soir, où l'on mangeait une soupe (morceau de pain trempé dans le bouillon). Ce sont les Parisiens qui ont, au XIXe siècle, inventé le souper d'après spectacle, décalant du même coup les autres repas de la journée. Ah, maudits Parisiens !

La restauration

baraque à frites, n.f. **(Belgique)**. Boutique de frites.

Les Ch'tis (gens du Nord) et les Belges ont nombre de choses en commun, dont la bière et la frite en plein air. Vive les baraques à frites !

beignerie, n.f. **(Canada)**. Boutique de beignes et de beignets.

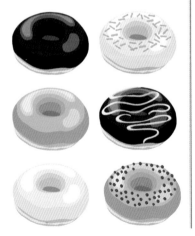

On ne dit pas *donut* au Canada francophone, mais plutôt *beigne*, vieux mot qu'on retrouve en région, en France et en Suisse romande notamment. C'est une sorte de beignet rond en forme d'anneau, cuit à grande friture. D'où l'appétissante *beignerie*, dont le fumet se sent souvent de loin.

binerie, n.f. **(Canada)**. Petite gargote de qualité médiocre.

La *binerie* est, à l'origine, la petite gargote qui sert des *bines* (des *beans*), délicieuses fèves au lard.

casse-croûte, n.m. **(Canada)**. Snack-bar.

Rien de tel que d'aller au *casse-croûte* pour manger sur le pouce.

dibiterie, n.f. (Sénégal).
Boutique de viande
grillée.

Dibiterie est formé sur
deux langues : le wolof
dibi (« viande grillée ») et
le français *-terie*. Qui tient
la boutique est le *dibiteur*
ou le *dibitier*.

fristouiller, v. (Belgique).
Frire de façon
appétissante.

Ah, pas trop vite, il faut
que la friture *fristouille*
légèrement pour que la frite
soit bien soufflée.

kiosque à pain, n.m.
(Côte d'Ivoire, Sénégal).
Petite baraque faite
de planches et de tôle

où l'on vend du pain
et des sandwichs.

On va au *kiosque* ou
au *maquis* ?

maquis, n.m. (Côte d'Ivoire,
Niger). Petit restaurant,
souvent clandestin.

Les plats qu'on y sert
semblent sortir du maquis.
Comme les *maquis* sont
souvent des lieux de fête,
ils ont aussi le sens de « lieux
malfamés ». Au Sénégal,
celle qui fréquente les bars
et les gargotes est d'ailleurs
nommée la *maquisarde* !

préparer, v. (Congo). Faire
la cuisine.

« Qu'est-ce que tu fais ?
– Je *prépare*. »

contour, n.m. (Maurice, La Réunion). **Virage.**

Ces îles accidentées sont pleines de vertigineux *contours* !

crevaison, n.f. (Bénin, Togo). **Trou dans la chaussée.**

De l'effet à la cause, il y a l'épaisseur d'un pneu.

cul-de-sac, n.m. (Canada). **Voie en impasse.**

Mot de la vieille langue, *cul-de-sac* se dit couramment au Canada. D'autant que le mot s'utilise aussi en anglais, qui l'a jadis emprunté au français.

grenaille, n.f. (Belgique). **Gravier, gravillon.**

Sur les routes belges, on peut lire cette poétique mise en garde : « Attention, grenailles errantes » !

point rond, n.m. (Sénégal). **Rond-point.**

Point rond et *rond-point*, c'est vice versa.

tablette de chocolat, n.f. (Sénégal). **Ensemble d'ornières et de crevasses créées sur les routes par les intempéries.**

La terre est si sèche qu'elle se craquèle sous forme de plaques de chocolat.

tôle ondulée, n.f. (Afrique de l'Ouest). **Série de craquelures créées sur les routes par les intempéries.**

On s'y croirait conduit à dos de chameau.

voler la route, loc. (Rwanda). Conduire sans se préoccuper des règles, faire des queues de poisson.

Prendre garde à ne pas se faire *voler la route* !

zone de touage, n.f. (Canada).
Zone d'interdiction de stationnement, sous peine d'enlèvement du véhicule.

Pas de tatouage ici, mais l'anglais *towage* (« remorquage »).

Les salutations

à tantôt, interj. **(Canada)**.
À plus tard.

Comme on l'entend encore aujourd'hui dans les régions de l'ouest de la France, on dira au Québec et çà et là au Canada : « À tantôt ! »

à un autre soleil, interj. **(Antilles)**.
À un autre jour.

Il fait toujours beau soleil aux Antilles.

bienvenue, interj. **(Canada)**.
Formule d'accueil.

Bienvenue est la traduction littérale de *welcome*.

bonjour, interj. **(Canada)**.
Au revoir.

Ce *bonjour* donne des échanges savoureux : « Au revoir. – *Bonjour* ! »

bonne arrivée, interj. **(Égypte)**. **Bienvenue.**

Bonne arrivée s'entend souvent en francophonie. Au Bénin, on vous dira *bonne arrivée*, et aussi *bonne assise*.

Le sexe

accélérateur, n.m.
(Côte d'Ivoire).
Aphrodisiaque.

Un p'tit coup d'*accélérateur*
et ça repart !

appareil, n.m.
(Congo).
Pénis.

Le pénis s'accompagne
de tout un appareil.

chapeau, n.m.
(Antilles).
Préservatif.

Chapeau ou *chaussette*,
selon la taille. « Mets
ton *chapeau* ! »

chouchoute, n.f.
(La Réunion).
Sexe de la femme.

C'est si chou que c'est
chouchoute.

coq, n.m. (Maurice).
Sexe masculin imposant.

C'est alors que je lui ai
montré mon *coq*…

démarrer, v. (Rwanda).
Accomplir l'acte sexuel.

Une fois *démarré*, c'est parti !

démarreur sexuel,
n.m. (Côte d'Ivoire).
Aphrodisiaque.

L'image du moteur
à explosion accompagne
l'amour. En cas de ratés
du moteur, prendre
un *démarreur sexuel*.

gant de Paris, n.m. (Val d'Aoste).
Préservatif.

L'argot italien *guanto di Parigi* donne à notre capote anglaise une fière touche italienne.

godillots, n.m. pl. (Rwanda).
Capote anglaise.

Chéri, veux-tu bien mettre tes *godillots* ?

pistache, n.f. (Cameroun).
Sexe de la femme.

Le Cameroun produit des *pistaches*.

pistacher, v. (Cameroun).
Faire l'amour.

Ah, qu'il est bon de *pistacher* tout à loisir !

pistacheur, n.m. (Cameroun). **Homme qui aime faire l'amour.**

Pris au pied du lit, le *pistacheur* est un amateur de *pistaches*.

pistachique, adj. (Cameroun). **Qualifie l'acte sexuel.**

C'est si bon que c'en est *pistachique* !

Le sommeil

adodoler, v. (Suisse).
Bercer doucement
pour endormir.

Faire dormir en disant dodo,
n'est-ce pas *adodoler* ?

gagner sommeil, loc.
(La Réunion).
S'endormir.

Parfois c'est le sommeil
qui gagne, parfois c'est vous
qui le gagnez.

rêver aux ours,
loc. (Canada). Faire
des cauchemars.

Mieux vaut *rêver aux ours*
que de tomber nez à nez
avec eux !

rideau de noirceur,
n.m. (Canada). Rideau
opaque que l'on tire
pour dormir.

Message diffusé dans
un hôtel de Montréal
(2011) : « Veuillez prendre
note que nous effectuons
présentement des travaux
d'échafaudage à l'extérieur
de l'édifice. Pour cette raison,
nous vous suggérons de fermer
vos *rideaux de noirceur* avant
d'aller au lit. »

siester, v. (Afrique).
Faire la sieste.

En pays de soleil, on se doit
de *siester*.

soquette, n.f. (Belgique).
Petite sieste.

Ah, qu'il est bon de faire
une petite *soquette* !

Les sports

aller aux oranges, loc. (Afrique de l'Ouest). Être à la mi-temps d'une rencontre.

La mi-temps est le moment où l'on se précipite sur les oranges. Ici et là et en France, la mi-temps se dit parfois *les citrons*.

anti, n. (Cameroun). Personne qui ne pratique aucun sport.

L'*anti* est comme Churchill : « No sport. »

aréna, n.f. (Canada). Amphithéâtre sportif où se pratiquent certains sports, particulièrement le hockey.

Aréna est un mot anglo-canadien formé sur *arène*. OK ? Hockey !

bâton, n.m. (Canada). Canne de hockey, de ski, de base-ball.

La canne, ou crosse de hockey, se présente sous la forme d'un solide bâton : à éviter quand on se retrouve coincé sur la balustre !

beloter, v. (Afrique de l'Ouest). Jouer à la belote.

Que font les tatas flingueuses ? Elles *belotent*.

cabiner le ballon, loc. (Sénégal). Laisser passer

le ballon entre ses mains
ou ses jambes.

Aïe ! Il *a* encore *cabiné*
le ballon !

cache-pinotte, n.m.
(Canada).
Coquille qui protège
les parties honteuses.

Pinotte se dit pour l'anglais
peanut (« cacahuète »).
Attention de bien
arrimer son *cache-pinotte*
avant d'engager
la partie de hockey !

canne à ski, n.f.
(Suisse).
Bâton de ski.

Le bâton de ski est souvent
manié avec l'élégance
d'une canne.

canot, n.m. (Canada).
Canoë canadien.

Je descendais des fleuves
inconnus, à bord
de mon *canot* (prononcer
« canote »)…

citrons, n.m. pl.
(Congo).
Mi-temps d'une rencontre
sportive.

Il est bon d'entendre sonner
les *citrons*, qu'on puisse
s'en avaler quelques-uns !

coup de coin, n.m.
(Belgique, Sénégal).
Corner.

Le vieux français *cornier*,
d'où vient *corner*, se disait
du coin d'un meuble
ou d'un bâtiment.
C'est le terme officiel
des jeux Olympiques
et des fédérations françaises
de jeux de balle.

Les sports

crosser, v. (Canada).
Donner un coup de crosse.

« Prends garde de pas t'faire
crosser sur la rambarde,
torvine de maringouin ! »

faire le boum-boum,
loc. (Cameroun). **Jouer
de façon rustre.**

Un coup par-ci, un coup
par-là, et nous voici
devant les buts, faute
de combattants !

geôle, n.f. (Canada).
**Banc de touche réservé
au joueur de hockey ayant
reçu une pénalité.**

Il n'en faut pas beaucoup
pour se retrouver dans la *jail*
(la geôle).

ivoirien, n.m. (Cameroun).
Maladroit, ignare, idiot.

On n'est pas toujours aimable
avec ses voisins, surtout lors
de rencontres de football
dont ce qualificatif semble
issu. Il faut en effet lire
dans *ivoirien* : « il voit rien ! ».

machine à boules, n.f.
(Canada). **Flipper.**

On reconnaît les vrais
sportifs à leur pratique
de la *machine à boules* !

piolet, n.m. (Suisse).
Canne de ski.

Le mot est rare, mais
il existe. Attention de ne pas
trop enfoncer son *piolet*
au passage des virages !

portier, n.m. (Sénégal).
Gardien de but.

On disait *portier*, au Sénégal,
avant qu'on le dise en France.

pousse-pion, n.m.
(Centrafrique). **Joueur
de dames inexpérimenté.**

Sans stratégie, on reste
un *pousse-pion*.

rondelle, n.f. (Canada).
Palet de hockey.

Elle circule tellement vite
qu'on ne la voit pas passer.

salon de quilles, n.m.
(Canada). **Salle de bowling.**

Tout se traduit au Canada,
même le bowling.

tour du chapeau, n.m.
(Canada). **Fait
de remporter trois
rencontres à la suite ou
de marquer trois buts**
dans une partie
de hockey.

L'anglais dit *hat trick*
pour désigner ce genre
de performance. L'expression
tour du chapeau, ou *coup
du chapeau*, a émigré
en France, où elle fut naguère
officielle (*Journal officiel*
du 6 mars 1988).

Le temps qu'il fait

avalasse, n.f. (Louisiane). **Forte averse de pluie.**

La pluie semble dévaler sur vous comme une avalanche tellement il pleut !

bordée de neige, n.f. (Canada). **Grosse chute de neige.**

Une *bordée de neige* est comme une bordée de mer.

charrue à neige, n.f. (Canada). **Chasse-neige.**

Ces charrues sont aujourd'hui de rutilantes machines motorisées.

colonne, n.f. (Louisiane). **Tornade.**

La tornade se reconnaît à la haute colonne qu'elle forme dans le ciel.

drache, n.f. (Belgique). **Forte averse.**

On sent tomber les gouttes tellement il *drache* (du flamand *draschen*).

été indien, n.m. (Canada). **Période de beau soleil surgie à l'automne.**

Avec les feuillages qui resplendissent, l'automne prend des couleurs indiennes.

éventail, n.m. (Louisiane). **Ventilateur.**

Même devenu électrique, le ventilateur est resté *éventail* sous l'influence de l'anglo-américain *fan* (« ventilateur »).

fariner, v. (La Réunion). **Pleuvoir, en parlant d'une pluie fine.**

Il y a bien des manières de pleuvoir, par exemple *fariner*, comme de la farine, ou *grainer*, comme des graines tombant du ciel.

fifine, n.f. (Antilles).
Pluie fine.

Cette pluie est si fine
qu'elle est *fifine*.

frasil, n.m. (Canada).
Couche de glace formée
à la surface de l'eau à la suite
d'une baisse de température.

Les jeux de l'eau et de la glace
traversent l'hiver canadien.
Le *frasil*, ou *froserie*, désigne
aussi bien les blocs de glace
qui se forment à la surface
d'un cours d'eau que la mince
pellicule de glace.

hiver des corneilles,
n.m. (Canada). Retour
de l'hiver dans la belle saison.

Comme l'*été indien* surgit
à l'automne, l'*hiver des corneilles*
surprend à la belle saison.

neigée, n.f. (Suisse).
Tombée de neige.

Une *neigée* est un peu plus
qu'une *crachée de neige*.

neigeoter, v. (Suisse).
Neiger faiblement.

Comme il pleuviote, il *neigeote*.

peller, v. (Suisse). Pelleter,
la neige le plus souvent.

Quand on ne peut plus sortir
de chez soi tant il neige,
il faut prendre la pelle et *peller* !

sloche, n.f. (Canada).
Neige fondue de consistance
boueuse.

Rien de plus désagréable
que de marcher dans la *sloche*
(anglais *slush*), surtout
dans des places ben *slocheuses* !

temps bleu, n.m.
(Louisiane). Temps d'orage.

« V'là l'*temps bleu* qui s'en
vient, avec les éclairs
à l'horizon. »

Le temps qui passe

agender, v. (Suisse).
Prévoir dans son calendrier.

Que ne le couché-je de suite
dans mon agenda !

à la précipitée, loc.
(Suisse). **De façon hâtive.**

Évitez-moi de faire tout
à la précipitée !

au pas de caméléon,
loc. (Congo).
Très lentement.

Le caméléon ne se hâte pas,
le temps de changer
de couleur !

au plus sacrant, loc.
(Canada). **Au plus vite.**

Faites-moi ça au plus sacrant
(APS !).

avant-jour, n.m. (Haïti).
Aube.

Moment magique
que l'*avant-jour*. Auquel
répond l'*avant-nuit*.

avant-midi, n.m. ou n.f.
(Belgique, Canada, Suisse).
Matinée.

Midi sépare l'*avant-midi*
de l'*après-midi*.

cadran, n.m. (Canada).
Réveil.

« Dormons tranquillement
sous la couette, l'*cadran* a pas
'core sonné ! »

comme une diarrhée,
loc. (Antilles). **Tout à coup.**

Ça m'a pris *comme
une diarrhée* !

en criant ciseau, loc.
(Canada). **Sur-le-champ,
immédiatement.**

« I croit que tout ça va s'faire
en criant ciseau, crisse
de calvaire d'ostie ! »

fin de semaine, n.f.
(Canada). Week-end.

Il n'y a que les maudits
Français pour dire « Bon
week-end » !

heure africaine,
n.f. **(Sénégal)**. Heure
approximative.

Qu'il est bon, parfois,
de ne pas regarder sa montre.
Pour se moquer des Français,
on appelle, au Tchad,
cette heure pour le moins
extensive *heure de Paris*.

heure de table, n.f.
(Belgique). Heure de midi
réservée au déjeuner,
particulièrement lors
de la journée de travail.

On aime bien manger
en Belgique : l'*heure de table*,
c'est sacré !

heurette, n.f. **(Val d'Aoste)**.
Espace d'une petite heure.

Cela ne prendra pas plus
d'une *heurette* !

moins, adv.
(Afrique de l'Ouest).
Une demi-heure avant
l'heure juste.

On se retrouve à trois heures
moins ? Non à trois heures
plus !

Les transports

aéroplane, n.m. **(Louisiane). Avion.**

Sous l'influence de l'anglais *airplane*, on utilise souvent, en Louisiane, le vieux mot français *aéroplane*.

arriérer, v. **(Sénégal). Aller en arrière.**

« Pour *arriérer*, t'as qu'à passer la marche arrière. »

aubette, n.f. **(Belgique). Abri aménagé à l'arrêt d'un véhicule de transport.**

À l'origine simple cabane (XVe siècle), *aubette* désigne encore dans la marine française le poste de garde placé à l'entrée d'un de ses établissements. En Belgique, *aubette* désigne aussi bien un kiosque à journaux qu'un abri construit à un arrêt d'autobus ou de tram. Le terme,

également utilisé dans la région de Nantes, a été repris et officialisé en France, en remplacement d'*Abribus*, marque déposée (*Journal officiel* du 12 août 1989 et du 22 septembre 2000).

autogare, n.m. **(Mali, Niger). Gare d'autocars et de taxis-brousse.**

D'*autocar* à *autogare*, il n'y a pas loin !

bâchée, n.f. **(Afrique). Camionnette disposant d'une plate-forme arrière recouverte d'une bâche.**

Cette camionnette est partout en Afrique, où la bâche permet de protéger de la chaleur cuisante du soleil.

bombe, n.f. **(Antilles). Camionnette ou petit car rapide.**

On peut s'attendre à aller vite dans cet engin. C'est ce qu'on appelle *bomber* !

cabri, n.m. (Congo). Voyageur sans billet.

La SNCF ne sait comment appeler les voyageurs sans billet (les *go-show*). Voilà le bien nommé *cabri* !

char, n.m. (Canada). Voiture.

On dit certes *auto* au Canada, mais aussi *char*, héritage du passé et influence de l'anglais *car*. Et qui a vu passer les *gros chars* (les trains) en a vu des choses !

cogner, v. (Sénégal). Tourner, se garer.

On imagine comment on se gare, parfois !

droiter, v. (Côte d'Ivoire, Niger, Sénégal). Tourner, serrer à droite.

« C'est pas par là ! Il faut *arriérer* et *droiter* ! »

faire double montée, loc. (Madagascar). Monter à deux sur une bicyclette ou un vélomoteur.

Et parfois triple montée…

huile, n.f. (Louisiane). Pétrole.

Sous l'influence de l'anglais *oil*, on parcourt la Louisiane et ses *champs d'huile*. On vous dira aussi qu'on *travaille dans l'huile*.

lampion, n.m. (Sénégal). Voyant lumineux placé sur le toit d'un taxi.

Ce *lampion* a un petit air de fête, que n'a pas ce que nous appelons le « lumineux ».

lumière, n.f. **(Canada).**
Feu de circulation.

De l'anglais *light* surgit
la *lumière*. « Arrête-toé
à la prochaine *lumière* ! »

mille-kilos, n.m. **(Afrique centrale). Camionnette.**

Cet engin arbore souvent
de vrombissantes devises :
« À Dieu va », « Vive la vie »,
« S'en fout la peur » ou
« S'en fout la mort » !

motoneige, n.f. **(Canada).**
**Sorte de moto munie
de skis à l'avant et
d'une chenille à l'arrière,
faite pour circuler
sur la neige.**

Marque déposée, *Ski-Doo*
manquait d'équivalent
usuel. Ce fut *motoneige*,
accompagné de *motoneigisme*
et *motoneigiste*, proposés
par l'Office québécois
de la langue française
(*Énoncé d'une politique relative
aux québécismes*, 5 septembre
1980).

navetteur, -euse, n.
**(Belgique). Personne
qui va quotidiennement
de son domicile au travail.**

Le navetteur
(prononcer « nav'teur »)
est celui qui fait la navette
de la maison au travail, terme
que nous avons officialisé
en France (*Journal officiel*
du 26 octobre 2006). On dit
plutôt *navettiste* ou *navettard*
au Maroc.

prendre le train onze,
loc. **(Niger). Aller à pied.**

Onze s'écrit 11, qui symbolise
les jambes du pauvre mortel.
On dit aussi *prendre
la ligne onze*.

salon, n.m. **(Niger)**. Plate-forme d'une camionnette.

Cet endroit où l'on est ballotté en tous sens n'incite pas à des conversations de salon. « J'su crevé, j'ai voyagé *salon* ! »

tap-tap, n.m. **(Haïti)**. Petit car rapide.

Ça va vite, sur des routes parfois approximatives : attention au *tap-tap* !

taxi-brousse, n.m. **(Afrique)**. Taxi, le plus souvent équipé pour aller en brousse.

Pour aller en brousse, mieux vaut un solide taxi !

taxi-compteur, n.m. **(Côte d'Ivoire, Sénégal)**. Taxi équipé d'un compteur.

Attention, le compteur peut réserver des surprises !

taxieur, n.m. **(Algérie, Maroc)**. Chauffeur de taxi.

Plus bref que « chauffeur de taxi » : le *taxieur*.

traversier, n.m. **(Canada)**. Bateau qui fait la navette d'une rive à l'autre.

Traversier dérive de *barque traversière*, qui aidait autrefois au passage d'un point à un autre. C'est le joli terme officialisé au Québec pour « ferry-boat » (*Gazette officielle du Québec*, 10 mai 1980).

vélo poum poum, n.m. **(Mali)**. Vélomoteur.

Un vélomoteur est bien un vélo qui fait « poum poum ». Il se dit aussi *Jakarta*, car souvent importé d'Indonésie.

Le travail

accrocher ses patins, loc. **(Canada)**. Cesser d'exercer une activité.

Le boxeur *jette l'éponge*, comme le joueur de hockey *accroche* ou *raccroche ses patins*.

agencier, -ière, n. **(Algérie)**. Employé d'agence.

Agencier se dit de l'employé de toutes sortes d'agences (agence d'assurances, de voyage, etc.), voire de pharmacie.

berceuse, n.f. **(Burkina Faso)**. Gardienne d'enfants.

La nounou est surtout celle qui berce.

bricole, n.f. **(Centrafrique)**. Petit boulot.

Ce n'est pas grand-chose, juste une *bricole*.

cadavéré, -e, adj. **(Rwanda)**. Qui ressemble à un cadavre.

À force de trop travailler, on est *cadavéré* !

clando, n.m. **(Sénégal)**. Travailleur clandestin.

Le travailleur clandestin est un *clando*, dit aussi *irrégulier*.

clé sur porte, loc. **(Belgique)**. Se dit d'une installation livrée prête à fonctionner.

Mieux que clés en main : *clé sur porte* !

compresser, v. (Cameroun, Côte d'Ivoire, Sénégal). Licencier le personnel en surnombre.

Compresser, c'est faire une compression d'effectif.

contremaîtresse, n.f. (Canada). Femme ayant grade de contremaître.

La *contremaîtresse* n'est pas une maîtresse qui s'opposerait à une autre, mais la cheffesse qui vous surveille.

coureur de bois, n.m. (Canada). Trappeur.

Les aventuriers de la forêt sont venus jusqu'à nous sous le nom de *coureurs de bois*.

descendre, v. (Afrique de l'Ouest). Finir sa journée de travail.

Après *être monté* au travail, on en *descend*.

descente, n.f. (Afrique de l'Ouest). Fin de la journée de travail.

Après la *montée* vient enfin la *descente*.

déserteur, -euse, n. (Centrafrique). Personne qui ne se trouve pas là où elle devrait être.

On ne va pas à un rendez-vous ; on n'est pas là où on devrait être : on est un *déserteur*.

être bien situé, loc.
(Burkina Faso). **Avoir
une bonne situation.**

Avoir une bonne situation,
c'est *être bien situé* dans
l'échelle sociale. On dit aussi,
en Centrafrique, *avoir
une position*.

faire ses besoins, loc.
(Sénégal). **Vaquer
à ses affaires.**

Monsieur n'est pas là, il *fait
ses besoins*.

gréver, v. (Afrique
de l'Ouest). **Faire grève.**

Faire grève se dit plus
directement *gréver* !

jobine, n.f. (Canada).
Petit boulot.

Les anglicismes étant souvent
du genre féminin au Québec,

une p'tite *job* se dit aussi
une *jobine*.

madame salon, n.f.
(Bénin). **Femme qui ne
pense qu'à se prélasser
sans rien faire.**

Madame tient salon pendant
que les autres travaillent.

mettre sur la tablette,
loc. (Canada).
**Mettre une personne
au placard, enterrer
un dossier.**

De qui on ne veut plus ou
dont on ne sait que faire,
on le met *sur la tablette* :
sur une étagère. Indice
que la pratique est répandue,
la victime du *tablettage*
reçoit le nom de *tablette* ou
de *tabletté*. Et si un dossier
embarrasse, *tablettez-le* ou
mettez-le sur la tablette.

pension, n.f. (Belgique).
Retraite.

Connue en France, *pension*
se dit couramment
en Belgique pour « retraite ».
« Quand c'est qu'tu prends
ta *pension* ? »

piqueter, v. (Canada).
Faire le piquet de grève.

Toute une famille prospère
autour de *piquet de grève*,
indice de l'âpreté des luttes.
Ainsi *piqueter*, *piquetage*,
piqueteur et *piqueteuse*.

« Pour obtenir not'droit,
on n'avait d'aut'moyen
que d'*piqu'ter* ! »

rompée, n.f. (Tchad).
Fin de la journée de travail.

Cette *rompée*, dite aussi
descente, a des allures
martiales.

transféré, -e, n. (Sénégal).
**Employé muté d'un endroit
à un autre.**

Le *transféré* est souvent
transféré bien loin.

L'université

académicien, n.m. (Luxembourg). Étudiant d'université.

Académicien se dit au Luxembourg, sous l'influence de l'allemand *Akademiker*, pour désigner celui qui a un titre universitaire. À quand le premier académicien luxembourgeois ?

assommoir, n.m. (Rwanda). Débit de boisson généralement situé sur un campus universitaire.

Quand ils boivent, les étudiants n'y vont souvent pas de main morte !

beaucoup-connaît, n.m. (Cameroun). Étudiant d'université.

À force de travailler, on en connaît des choses, au point de devenir un *beaucoup-connaît*.

campusard, -e, n. (Congo). Étudiant qui habite sur le campus.

Pour se désennuyer, le *campusard* descend de temps en temps en ville.

causeur, n.m. (Sénégal). Intervenant d'un colloque.

Le *causeur* cause.

concourant, -e, n. (Burkina Faso). Candidat à une épreuve ou à un concours.

Dans *concourant*, il y a aussi *concurrent*.

couloirdeuse, n.f. (Sénégal). Femme légère ou prostituée qui fréquente la cité universitaire.

La *couloirdeuse* fait les couloirs à la recherche de l'étudiant intéressé.

exposer, v. (Sénégal).
Faire un exposé.

C'est moi qui *expose* demain.

fermeture, n.f. (Sénégal).
Fin de la période de cours.

Ah, vivement la *fermeture* !

fiançailles académiques, n.f. pl.
(Congo).
Liaison passagère
entre étudiants.

Ces relations ne durent
souvent que le temps
de l'année académique.

kot, n.m. (Belgique).
Petite chambre
d'étudiant.

Kot désigne en flamand
un placard ou un réduit.
L'habitant du lieu se dit aussi
cokoteur ou *cokoteuse*.
Il ne cocote pas toujours,
mais enfin parfois !

long-crayon, n.m.
(Cameroun). Intellectuel
bardé de diplômes.

L'intellectuel se reconnaît
à son long crayon.

maîtrisard, n.m.
(Sénégal). Détenteur
d'un diplôme de maîtrise.

La maîtrise pour le maître,
le diplôme de maîtrise
pour le *maîtrisard*.

sciencer, v. (Burkina Faso).
Potasser, travailler.

« Qu'est-ce que tu fais
aujourd'hui ? – Je *science* ! »

séminariste, n. (Maroc,
Sénégal). Auditeur
d'un séminaire ou
d'un colloque scientifique.

Ce *séminariste* n'a rien
de religieux, même s'il arrive
que de vrais séminaristes
assistent aux séminaires.

Les voyages

à cocagne, loc. **(Antilles).**
En auto-stop.

En pays de Cocagne,
lieu imaginaire des contes
d'enfant, les voyages sont
gratuits. « Comment es-tu
venu ? – *À cocagne* ! »

caravanier, n.m.
(Sénégal). Personne faisant
partie d'un groupe
en déplacement ou en voyage.

Voilà même les touristes
faits *caravaniers* !

escale, n.f. **(Sénégal).**
Quartier commerçant
d'un village, le plus souvent
au départ ou à l'arrivée
de la route principale.

On connaît l'escale aérienne
ou maritime, voici l'escale
terrestre.

faire du pouce, loc.
(Canada). Faire
de l'auto-stop.

L'aventurier *pouce*, calque
de l'anglais *to thumb*.

faire l'aventure, loc.
(Congo). Partir
pour l'Europe.

L'aventure est longue
et pleine d'embûches.

je-viens, n.m. **(Comores).**
Comorien émigré
qui revient régulièrement
au pays.

C'est une fête quand
les *je-viens* reviennent au pays
pour les vacances !

occasion, n.f. **(Afrique
de l'Ouest).** Place
qu'on peut trouver à bord
d'un véhicule.

Sur un continent où
les transports ne sont pas
forcément réguliers,
une *occasion* est toujours
bonne à saisir.

pouceur, -**euse**, n. (Canada). Auto-stoppeur.

Qui *fait du pouce* est un *pouceur* ou une *pouceuse*.

valise diplomatique, n.f. (Congo). Attaché-case.

Une simple valise mince et *classy*, et vous voici diplomate. En Centrafrique, on parlera moins glorieusement de *sac diplomatique*.

véhiculé, -**e**, adj. (Afrique). Qui dispose d'une voiture ou d'un moyen de transport.

T'es *véhiculé* ou j'te ramène ?

verser, v. (Cameroun). Déposer quelqu'un qu'on a pris en voiture.

Attention de ne pas *verser* les passagers dans le virage !

vol nolisé, n.m. (Canada). Vol charter.

Nolis désigne depuis longtemps dans la marine française les marchandises embarquées. Et *noliser* (« affréter ») se retrouve chez… Voltaire. D'où cet usage du mot passé au transport aérien, dont l'adoption fut tentée en France (*Journal officiel* du 3 avril 1982).

voyagiste, n. (Canada). Organisateur de voyages.

Rares sont les mots canadiens adoptés en France : *voyagiste* est de ceux-là. Créé et officialisé au Québec en 1979 pour remplacer *tour operator*, il a été rapidement repris en France (*Journal officiel* du 3 avril 1982) où il s'est imposé aujourd'hui.

Quiz

1. Que signifie **lâcher la patate** (Louisiane) ?

○ Faire tomber une pomme de terre.

○ Donner un coup de poing.

○ Se décourager, relâcher son effort.

2. Qu'est-ce qu'un **cul vert** (Sénégal) ?

○ Un nom d'oiseau.

○ Une diarrhée sévère.

○ Un véhicule diplomatique.

3. Qu'est-ce qu'un **cochon payant** (Congo) ?

○ Un plat cuisiné vendu très cher.

○ Une course de cochons.

○ Une vache à lait.

Réponses : 1. Se décourager, relâcher son effort. 2. Un véhicule diplomatique. 3. Une vache à lait.

Quiz

1. Qu'est-ce qu'un **gant de Paris** (Val d'Aoste) ?

○ Un style de gant particulier à Paris.

○ Un type de chaussette qu'on trouve à Paris.

○ Une capote anglaise.

2. Qu'est-ce qu'un **sucre saucé dans miel** (Antilles) ?

○ Un sucre d'orge.

○ Une barbe à papa.

○ Un petit ami.

3. Qu'est-ce que l'**âge cochon** (Maurice) ?

○ L'âge où l'on est reproductif.

○ Une mauvaise hygiène de vie.

○ L'adolescence.

Réponses : 1. Une capote anglaise. 2. Un petit ami. 3. L'adolescence.

Quiz

1. Qu'est-ce qu'une **tortue bon dieu** (La Réunion) ?

◯ Une procession mariale.

◯ Une espèce de tortue.

◯ Une coccinelle.

2. Qu'est-ce qu'un **frotte-manche** (Belgique) ?

◯ Du cirage.

◯ Un chiffon à épousseter.

◯ Un solliciteur, un flagorneur.

3. Qu'est-ce que la **tabagie** (Canada) ?

◯ Un bureau de tabac.

◯ Un lieu enfumé.

◯ Une cigarette électronique.

*Réponses : 1. Une coccinelle. 2. Un solliciteur, un flagorneur.
3. Un bureau de tabac.*

Quiz

1. Qu'est-ce qu'une **balle perdue** (Togo) ?

○ Un ballon envoyé au loin.

○ Un enfant conçu sans prévenir.

○ Une marchandise égarée sur un port.

2. Qu'est-ce qu'un **tire-pipe** (Suisse) ?

○ Un instrument pour nettoyer sa pipe.

○ Un sex-shop.

○ Une fête foraine.

3. Que signifie **fourrer** (Côte d'Ivoire) ?

○ Mettre de la farce dans un légume.

○ Faire l'amour.

○ Porter la chemise dans le pantalon.

Réponses : 1. Un enfant conçu sans prévenir. 2. Une fête foraine.
3. Porter la chemise dans le pantalon.

<u>Quiz</u>

1. Que signifie **donner l'avance** (Rwanda) ?

○ Faire une avance d'argent.

○ Prendre un pain sur la fournée.

○ Faire l'avance de son corps avant le mariage.

2. Qu'est-ce qu'une **cuite fédérale** (Suisse) ?

○ Un jour de fête.

○ Un coup de fatigue.

○ Une cuite monumentale.

3. Qu'est-ce qu'une **berçante** (Canada, Louisiane) ?

○ Une chanson pour endormir les enfants.

○ Un siège à bascule.

○ Un jeu de cartes.

*Réponses : 1. Faire l'avance de son corps avant le mariage.
2. Une cuite monumentale. 3. Un siège à bascule.*

Quiz

1. Qu'est-ce qu'un bonbon-fesses (Antilles) ?

○ Un marron glacé.

○ Un derrière bien rebondi.

○ Un suppositoire.

2. Qu'est-ce que la sloche (Canada) ?

○ Une sorte de glace.

○ Une humeur cafardeuse.

○ Une neige fondue de consistance boueuse.

3. Qu'est-ce qu'un tap-tap (Haïti) ?

○ Une paire de claquettes.

○ Une fenêtre mal fermée.

○ Un petit car rapide.

Réponses : 1. Un suppositoire. 2. Une neige fondue de consistance boueuse. 3. Un petit car rapide.

Bibliographie

Ouvrages du même auteur sur les mots de la francophonie

- Depecker (Loïc), *Les Mots de la francophonie*, Belin, 1988 ; 2ᵉ édition 1990 (primé par l'Académie française).
- Depecker (Loïc) et Mamavi (Gina), *Guide des mots francophones recommandés*, Délégation générale à la langue française, La Documentation française, 1991.
- Depecker (Loïc), *Les Mots des régions de France*, Belin, 1992.
- Depecker (Loïc), *Dictionnaire du français des métiers, Adorables jargons*, Le Seuil, coll. Point Virgule, 1995.
- Depecker (Loïc), *Guide des mots francophones, Le ziboulateur enchanté*, Le Seuil, coll. Point Virgule, 1999.

Quelques références bibliographiques

- AELIA, Queffélec (A.) et Jouannet (F.) [dir.], *Inventaire des particularités lexicales au Mali*, Institut national de la langue française, CNRS, 1982.
- *Base de données lexicographiques panfrancophone* (en ligne).
- Blondé (J.), Dumont (P.), Gontier (D.), *Lexique du français du Sénégal*, NEA/EDICEF, Dakar, Paris, 1979.
- Boulanger (Jean-Claude), *Dictionnaire québécois d'aujourd'hui*, Le Robert, Saint-Laurent, Québec, 1992.
- Carayol (Michel), *Particularités lexicales du français réunionnais*, Nathan, Paris, 1985.

- Doppagne (Albert), *Les Régionalismes du français*, Duculot, Paris-Gembloux, 1978.
- Martin (Jean-Pierre), *Description lexicale du français parlé en Vallée d'Aoste*, Institut valdôtain de la culture, Musumeci Éditeur, Aoste, 1984.
- Mfoutou (Jean Alexis), *La Langue de la nourriture, des aliments et de l'art culinaire au Congo Brazzaville*, Études eurafricaines, L'Harmattan, Paris, 2009.
- Nicolier (Alain), *Dictionnaire des mots suisses de la langue française*, Éditions GVA, Genève, 1989.
- Pidoux (Edmond), *Le Langage des Romands*, Ensemble, Lausanne, 1984.
- Queffélec (Ambroise) et Niangouna (Augustin), *Le Français au Congo*, Association d'études interculturelles africaines, Aix-en-Provence, 1990.
- Telchid (Sylviane), *Dictionnaire du français régional des Antilles, Guadeloupe-Martinique*, Éditions Bonneton, Paris, 1997.
- UREF, Équipe IFA, *Inventaire des particularités lexicales du français en Afrique noire*, coll. Universités francophones, EDICEF/AUPELF, 1983 ; 2e édition 1988, Paris.

Index

Mots et expressions

Index

Index

Index

Crédits photographiques

Toutes les photographies proviennent des archives Larousse,
Ph. Coll. Archives Larousse, sauf :

- **Mentions particulières** : p. 23 « Couple » de Hans Erni, Ph. O. Ploton © Archives Larbor – DR ; p. 81 « Femmes en maillots de bain », dessin de Louis Moles, Archives Larousse ; p. 91 « Le linge », dessin de Louis Moles, Archives Larousse ; p. 120 « La moto, nouveau pur-sang des temps modernes », dessin de Lizzie Napoli – Archives Larousse ; p. 121 « Coq et poule de la race de Faverolles », dessin d'Emmanuel Mercier – Archives Larousse ; p. 124 « Coupe du monde de football en France (1954) », © FIFA.

- **fotolia.com** : p. 76 © dannywilde ; pp. 100-101 © grgroup ; p. 104 © Kudryashka, © aidart ; p. 114 © Jonathan Stutz ; p. 116 © tabitazn ; p. 119 © Ivan Lenoble ; p. 127 © Kreatiw ; p. 136 © Mikhail Olykainen ; p. 137 © Erica Guilane-Nachez.

Impression : Macrolibros (Espagne)
Dépôt légal : octobre 2013 – 312095/01
N° de projet : 11024018 – septembre 2013